ブックレット《アジアを学ぼう》別巻 ㉕

押尾高志

「越境」する改宗者

モリスコの軌跡を追って

風響社

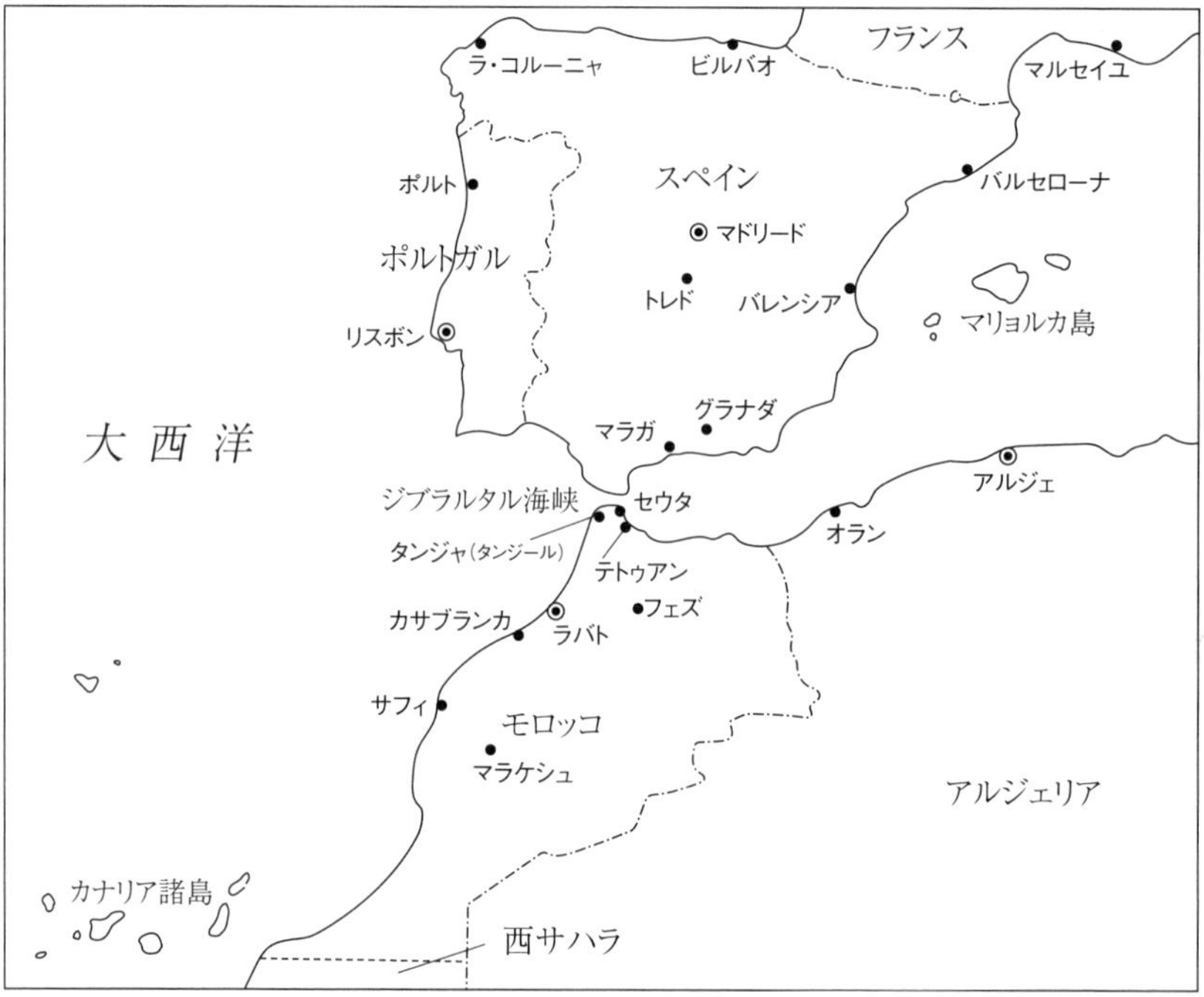

図1　スペインとモロッコ

「越境」する改宗者——モリスコの軌跡を追って

押尾高志

はじめに

1　ジブラルタル海峡は「世界の果て」か

スペインとモロッコの間に位置するジブラルタル海峡は、地中海と大西洋をつなぐ出入り口であり、ヨーロッパがアメリカ大陸の存在を認識するまでは、「先には何もない（Non Plus Ultra）」すなわち「世界の果て」として認識されていた。しかし、「世界の果て」という言葉とは裏腹に、実際にはジブラルタル海峡は古代から現代に至るまで様々な人やモノ、情報が盛んに行き来する地であった。なかでも、七一一年にこの海峡を越えて北アフリカ（マグリブ）からイベリア半島へとわたったムスリム（イスラーム教徒）たちは、スペインの歴史が他のヨーロッパ諸国と異なる独自の進展をたどる鍵となった。

イベリア半島の歴史のなかで特筆すべき点は、今日ヨーロッパと呼ばれる地域の中では、イスラーム王朝が歴史上存在した数少ない地域であるということだろう。イベリア半島には八世紀から一五世紀末までいくつものイスラーム王朝が興亡したが、これらの王朝が支配した地域をアンダルス（al-Andalus）と呼ぶ。アンダルスは八世紀前半

写真1　柱を支えるヘラクレスの彫像
セウタにて（筆者撮影）

に半島のほぼ全域を占めたものの、時間の経過とともに徐々にその領域を縮小・南下させ、最終的に一五世紀末には地理的政治的に消滅した。しかし、アンダルスとそこに暮らしたムスリムの歴史は、その痕跡を現在のスペイン・ポルトガル両国の言語や食事、建築物など至るところで残しており、またそれらは両国によって観光資源として利用されている。

　アンダルスの文化的遺産が現存しているのであれば、そこに暮らしたムスリムの子孫もまた、現在に至るまでスペイン（そしてポルトガル）に暮らしているのだろうか。それとも、一五世紀末、より正確には一四九二年に最後のイスラーム王朝であるナスル朝グラナダが滅んだときに、ムスリムたちもまた半島を出て、他の地域に移り住んでしまったのだろうか。本書では、このムスリムの子孫、モリスコ（morisco）と呼ばれる人々が、一五世紀末以降にたどった歴史的な道のりの一端を明らかにすることを試みる。なお、本書ではマグリブという言葉を、現在のモロッコ、アルジェリア、チュニジアを中心とした北アフリカ一体を指す用語として用いる。各地域について個別に言及する必要がある場合は、現在の国名で呼称する。

2　モリスコ前史

まず、モリスコと呼ばれる人々が生まれた歴史的背景を追ってみよう。
一四九二年に、のちにカトリック両王と呼ばれることになるカスティーリャ女王イサベルとアラゴン王フェルナンド二世が、アンダルスの最後のイスラーム王朝であるナスル朝グラナダを征服したことで、同地のムスリム住民はキリスト教支配下に残留する者と、海の向こう側のイスラーム支配領域に移住する者とに分かれた。

中世イベリア半島におけるアンダルスと北方のキリスト教諸王国の間の戦争では、征服者が新征服地の安定した統治のために、被征服者に対して一定の政治的宗教的寛容を示すことは普遍的な現象であった。グラナダの場合も、それ以前の例を踏襲して、勝者であるカトリック両王と敗者であるグラナダ王ボアブディル（アブー・アブドゥッラー）の間で締結された降伏協定によって、キリスト教支配下に残留したムスリムには生命や信仰、財産の保障が与えられていた。

しかし、このような伝統的「寛容」の余命はわずかとなっており、グラナダ征服と同年の一四九二年にカトリック両王は国内の宗教的統一を推し進めるため、伝統的な「内なる他者」であったユダヤ教徒を追放し、さらにムスリム住民に対するキリスト教宣教活動の推進や新税制定など、降伏協定での取り決めをないがしろにする行いを続けた。その結果、一四九九年にはグラナダ市のアルバイシン地区で暴動が起こり、続いて一五〇〇年にグラナダのアルプハーラス山地でムスリム住民による反乱が発生した。

同反乱鎮圧後の一五〇二年に、カスティーリャ女王イサベルはカスティーリャ王国に居住するムスリムに対して、ユダヤ教徒と同じく改宗か追放かの選択を迫る王令を布告した。この王令は、一四歳以上の男性、一二歳以上の女性を追放対象とし（奴隷は対象外）、制限付きではあったが財産の持ち出しなども許可していた。しかし、出国港はスペイン北東部の港に定められ、出国先がエジプトを中心としたマムルーク朝領のみ（オスマン帝国領とマグリブは禁止）と限定されていた上、実施期限も王令発布から二ヶ月弱と非常に短期間であった。そのため、これは事実上の強制改宗令として機能し、多くのムスリムがキリスト教への改宗を受け入れ、同王国に残留することを選択した。同様の王令はスペイン全土へと徐々に広がって行き、最終的に一五二六年にアラゴン連合王国内で同様の布告がなされた結果、イベリア半島から法的にはムスリムは消滅した。なお、隣国のポルトガルは、一四九二年にスペインから追放された多くのユダヤ教徒の移民を受け入れたが、スペインからの圧力によって一四九六年にはスペインと同様に、改宗か追放かをユダヤ教徒とムスリムに迫る追放令を発布した。

一連の強制改宗令によって誕生した改宗ムスリムたちは、モーロ人新規改宗者、モーロ人新キリスト教徒、あるいは一六世紀後半よりモリスコと呼ばれるようになった。モーロ人（moro）という言葉は、中世カスティーリャ語でムスリムを意味し、この単語に縮小辞（isco）が付随した単語がモリスコである。モリスコという言葉は、一五世紀のカスティーリャ王に仕えたモーロ人護衛兵（guardia morisca）に見られるように、もともとは形容詞的に用いられてきたが、前述の通り一六世紀後半以降はとくに元ムスリムの改宗者を指し示す語として用いられはじめた。

モリスコのなかには、キリスト教への改宗後もイスラームの宗教的・文化的慣習を保持し続けた「隠れムスリム」も多く存在し、スペインの地中海沿岸地域のバレンシアやグラナダのモリスコ住民は、対岸のイスラーム勢力との交流を維持していた。一方で、積極的にキリスト教社会への統合の道を模索するモリスコたちのなかには、都市官職に就いたり、司祭や修道士になる者も存在したため、モリスコのすべてが「隠れムスリム」であったと認識することは正確ではない。

とはいえ、当時の王権や教会は、モリスコたちの改宗の真偽を常に疑い、「隠れムスリム」としてキリスト教信仰を脅かすばかりではなく、イスラーム王朝に与する「第五列（内通者）」となるのではないかと危機感を抱いていた。それゆえ、一六世紀を通じて王権と教会は、異端審問や福音化事業をはじめとする手段を用いて、ユダヤ教徒に加えて新たな「内なる他者」となったモリスコをキリスト教社会へ同化あるいは統合することを試みた。しかし、最終的にこれらの試みが失敗に終わったと王権は判断し、一六〇九〜一六一四年にかけてスペイン全土からのモリスコの全体追放令を発布・施行する。これにより、モリスコの多くはマグリブや中東を中心とするオスマン帝国領への移住を余儀なくされた。ここに、八世紀以来の住民であったムスリムの末裔たちは、少数の例外を除いて、イベリア半島から姿を消すことになった。

3　追放された、更にその先で

一六一四年のモリスコ追放は、たしかにスペインにおけるアンダルスの歴史の終焉を意味したが、モリスコたちが歴史の狭間に消えてしまったわけではない。それどころか、モリスコたちは追放先のマグリブを中心としたイスラーム世界で新たな苦難に直面し続けた。すなわち、キリスト教支配下で一世紀の間暮らし続けたモリスコの外見的・文化的特徴は、移住先のムスリム社会のそれとは当然異なっていたし、アラビア語能力や自身の宗教的帰属の曖昧な者も多く存在したため、今度はムスリムから「よそ者」あるいは信仰の怪しい「改宗者」とみなされることになった。キリスト教社会からの迫害を経験したモリスコ共同体は、ムスリム社会と対峙したときに、再び社会からの疎外を経験することになった。

モリスコがイスラームとキリスト教の狭間に位置した独自の集団であることは事実であるが、彼らのように異なる信仰の狭間に位置し、西地中海地域を広く移動した集団は他にも存在する。たとえばモリスコに先駆けて、一四世紀末にキリスト教への強制改宗を経験し、一五世紀末にスペインを追放されたユダヤ人や、スペインやイタリアなどの地中海北岸のヨーロッパ地域出身でキリスト教からイスラームへの改宗者で「背教者」と呼ばれる人々がその好例である。

本書ではモリスコを主な考察対象としつつ、ユダヤ人や「背教者」の事例も視野にいれて、移住や追放などの空間的な移動と改宗や棄教などの宗教的な移動に伴う社会的文化的な変化に、彼らがどのように対応していったのか、その一端を明らかにしたい。

まず、第一節では、ユダヤ人や「背教者」とよばれる集団について、各集団の空間的移動と宗教的移動に見られる共通点や相違点に注目しつつ概観する。つづく第二節では、スペインにおけるモリスコについて、その集団内部の多様性や、イスラームとキリスト教信仰の狭間に存在したモリスコが、両信仰をどのように理解し、自らの状況に合わせて解釈していたのかを見ていく。最後の第三節では、スペインからの追放後、なかでもモロッコに移住したモリスコがいかに新しい環境に適応していったのかを分析する。

本書が西洋史と東洋史、あるいはヨーロッパ史とアジア・アフリカ史という既存の研究分野の架橋となり、古くて新しいテーマである「越境」について、多角的な視点から考察するきっかけとなれば幸いである。

一　空間的・信仰的「移動」と改宗者たち

1　移動する改宗者たち

一般的に、ヨーロッパ史の文脈で「改宗」という言葉から連想されるのは、宗教改革期におけるカトリック、プロテスタントなどの宗派間の「改宗」、あるいは古代ローマのキリスト教国教化のような他宗教からキリスト教信仰への改宗であろう。本書で扱う対象で言えば、モリスコやユダヤ教からカトリック信仰への改宗者であるコンベルソなどが後者の好例として挙げられる。一方で、キリスト教からイスラームへの改宗者、「背教者」も近世西地中海地域を代表する改宗者である。

「改宗」は宗教的境界を越える行為ではあるものの、それは決して一方通行のわかりやすいものではなく、棄教や再改宗、そしてときには偽装改宗すら行われる非常に曖昧な行為でもあった。とりわけ、モリスコやコンベルソの事例のように改宗が強制的で、本人の意思とはかかわりなく行われた場合には、この曖昧性は顕著となる。更に、改宗者たちが単に宗教的な境界を越えるばかりではなく、ときに地理的境界も越える存在であったことは注目に値する性質であろう。彼らは自分自身や共同体の存続のために、新規改宗者として多数派社会に参入し従属的な立場に甘んじることも多かったが、改宗後も続く差別や迫害からの解放を願い、他の地域へ移住する者も多かった。あるいは、信仰上の境界を越えることで、社会的地位の上昇や家族関係からの解放などの機会をつかみ、「自由」を得ようとする改宗者がいたことも事実である。

表1は本書に登場する各集団の名称についてまとめたものである。この表でも示した通り、本書では、ユダヤ教徒ではなくユダヤ人という言葉を主に用いる。これは、本書の中に登場するユダヤ人の中には、ユダヤ教徒はもちろん、キリスト教への改宗者、コンベルソや偽装改宗を行った「隠れユダヤ教徒」など、さまざまな背景をもつ人々が含まれるためで、記述の煩雑さを避けるため、区別が必要な場合を除き総称としてユダヤ人を用いる。

表1　本書に登場する各集団の名称

名称	意味
旧キリスト教徒（cristiano viejo）	四代遡って祖先にムスリムやユダヤ人の改宗者を持たないキリスト教徒。これの対概念は新キリスト教徒（cristiano nuevo）
コンベルソ（converso）	原義は改宗者。キリスト教に改宗したユダヤ人
セファルディ（sefardí）	イベリア半島出身のユダヤ人
ムデハル（mudéjar）	キリスト教支配下のムスリム
モリスコ（morisco）	キリスト教に改宗したムスリム
「背教者」（renegado）	イスラームへ改宗したキリスト教徒

また「背教者」という名称は、改宗元のキリスト教側から見たイスラームへの改宗者に対する蔑称であり、改宗先であるイスラーム側から見れば、彼らは単なる改宗者にすぎない。しかし、彼らがスペイン語史料ではエルチェあるいはレネガード（両単語とも背教者の意味）、そしてアラビア語史料ではイルジュ（複数形はウルージュ）と呼ばれているため、本書では、カギ括弧をつけた「背教者」と記述する。なお、改宗の方向という点に注目した場合、追放後にイスラームへの再改宗を果たしたモリスコと「背教者」はともにキリスト教からイスラームへの改宗者に分類されうるが、本書ではモリスコは、アンダルス・ムスリムの末裔と認識される、あるいはそれを自認する人々を、「背教者」はモリスコ以外のヨーロッ

パ地域出身のキリスト教からイスラームへの改宗者を指し示す際にのみに用いる。

モリスコとユダヤ人、そして「背教者」の三者は、改宗者としての境遇と、地理的移動を経験したという共通の経験を持つ。本節ではまずユダヤ人と「背教者」の歴史について触れ、次節でモリスコの状況について詳述していきたい。

2　ユダヤ人（セファルディ）

ユダヤ人はキリスト教が古代ローマ帝国の国教になる以前からイベリア半島に居住し、支配者が西ゴート王国、イスラーム王朝、キリスト教諸王国と変遷していくなかで、それぞれの社会で常に宗教的少数派として存在し続けた。アンダルスを含むイスラーム支配領域では、一般的にユダヤ教徒やキリスト教徒をはじめとする非ムスリムの多くは、ムスリム支配者とズィンマ契約と呼ばれる保護契約を結び、ズィンミーとよばれる庇護民として、人頭税と地代の支払いと引き換えに、自身の信仰や宗教法の施行、共同体の自治などを認められて社会生活を営んでいたことが知られている。イベリア半島のユダヤ人の人口の多くはアンダルスに集中しており、八世紀半ばから一一世紀後半まで、ユダヤ人たちはアラブ・イスラーム文化の担い手として、社会経済的・文化的に高い地位にしばしば到達していた。しかし、一一世紀前半の後ウマイヤ朝の崩壊以後、徐々にアンダルスの諸都市がキリスト教諸王国に征服されたことで、征服地のユダヤ人住民もキリスト教支配下に編入された。更に、宗教的に厳格な傾向を持つムラービト・ムワッヒド両王朝が一二世紀以降、アンダルスを支配したことをきっかけとして、その支配を忌避したユダヤ人たちが北方のキリスト教諸王国へ移住した。

前述のアンダルスでの非ムスリムに対する「寛容」な扱いは、ときにその実態以上に強調・美化されるが、イベリア半島のキリスト教諸王国においても、ズィンミー制度を模倣する形で、キリスト教徒より劣位におかれてはいたが、ユダヤ人は重要な宗教的少数派として保護されていた。すなわち、中世イベリア半島では、イスラーム支配領域とキリスト教支配領域の双方で、宗教的多数派が宗教的少数派に対して、迫害はしないものの、差別的な規定や区分を設けて自集団の劣位に位置づけつつ、法的な自治を認めていたのである。それゆえ、アンダルスの実態はイスラーム、キリスト教、ユダヤ教の「三宗教の共存の地」という美辞麗句で安易に称賛できるような状態にはなく、現代の「寛容」や「多文化主義」といった価値観で評価することは困難であると言えよう［García-Arenal 2003: 12-13］。

ユダヤ人のおかれた状況が劇的に変化するのは一四世紀以降である。一四世紀半ばのペスト大流行と、それに伴う社会的経済的な混乱、反ユダヤ的な流言飛語の流行が重なり、一三九一年にセビーリャを震源地としてユダヤ人虐殺が全土で発生した。この騒乱のなかで、多くのユダヤ人が生存のために、キリスト教への改宗を受け入れたが、この強制改宗はユダヤ人の宗教共同体内部に大きな亀裂を生じさせた。すなわち、強制されたキリスト教への改宗は有効であるのか無効であるのかという神学的論争に加えて、ユダヤ教信仰を捨て改宗したコンベルソが、ユダヤ人共同体に再加入することの是非などがユダヤ人の間で激しく論じられることになった。なお、このような強制改宗は、キリスト教王国でのみ行われていたわけではなく、ムワッヒド朝支配下のコルドバでも同様の迫害は時期は限定されるものの生じている。一方で、ユダヤ人に改宗を強いたキリスト教社会側もまた、ユダヤ人の改宗の真偽について、そしてキリスト教信仰を内部から脅かす「隠れユダヤ教徒」の存在について、常に疑いと恐れの眼差しを向け続けることになった。

最終的に、ナスル朝グラナダがカトリック両王によって征服された一四九二年には、ユダヤ教徒追放令が布告された。この王令は、カスティーリャ王国とアラゴン連合王国全域のユダヤ人住民に対して、キリスト教への改宗か、それとも国外への追放かの選択を迫ることで、ユダヤ人の改宗問題の最終的な解決と、キリスト教信仰による国内統合を目指すものであったと考えられている。

一四世紀末から進展したユダヤ人の強制改宗の結果、ユダヤ教徒の人口は明らかに減少していたが、それでもなお約八～一五万人のユダヤ教徒がこの時期にスペインから追放されたと推算されている。

この結果、スペイン国内にはコンベルソと呼ばれる改宗ユダヤ人のみが残存することになったが、このコンベルソもキリスト教社会から、迫害や差別を受け続けた。キリスト教社会によるコンベルソへの迫害の最たるものは、異端審問による訴追や、当時の社団組織が採用した「血の純潔規約」が有名であろう。「血の純潔規約」とは、四世代遡って祖先にユダヤ人やムスリムがいる者に対して、都市官職や参事会の構成員への加入や、大学寮への入寮、修道会への入会を拒むという差別的なものであった。当初、この規約はコンベルソを主な適用対象としていたが、一六世紀後半からはモリスコもそこに加えられ、新規改宗者たちのキリスト教社会上層への参入を妨げる仕組みとしても機能した［関・踊　二〇一六：五四―五六］。

一四九二年のユダヤ人追放令が出された直後に、最も多くスペインからの追放ユダヤ人を受け入れたのは隣国のポルトガルであったが、一四九七年には同地でもユダヤ教徒に対する強制改宗令が布告され、多くのコンベルソが誕生することになった。また、ポルトガルを経由して、北西ヨーロッパ、とくにアムステルダムに移住したユダヤ人たちは、同地に大規模な共同体を設立した。さらに、一五八〇年にスペインとポルトガルが同君連合になった結果、ポルトガルから多くのコンベルソがヌエバ・エスパーニャ（現在のメキシコ）をはじめとするアメリカ大陸へ移住した。新キリスト教徒のアメリカ大陸への移動は、法的には禁止されていたが、実際には多くのコンベルソが大西洋を渡り貿易をはじめとする商業活動に従事していたため、現地の異端審問に「隠れユダヤ教徒（フダイサンテ）」として訴追されたコンベルソたちの記録が残っている［伏見　二〇一七：三〇五―三〇七］。

一方、オスマン帝国領域の中東地域やマグリブに移住したユダヤ人も数多く存在した。彼らは同地域の諸都市に移住し、追放後もスペンイン語（中世カスティーリャ語）を話し続ける者も多かった。一六世紀後半にシリア地域に宣教活動のため訪れたイエズス会士は、同地域に住むムスリムもキリスト教徒も皆アラビア語を話すなかで、セファルディのみがスペイン語を日常的な口語として用い続けていることを書き残している［El Alaoui 2011: 25］。このユダヤ・スペイン語はラディーノ語ともよばれ、イスタンブルなどでは二〇世紀前半までヘブライ文字表記ラディーノ語で書かれた新聞が発行されるなど、セファルディ共同体における一種の「公用語」としての地位を保持していた。同言語は、現在に至るまで中東やバルカン諸地域、マグリブを中心として少数言語として現存しており、二〇〇三年からはラテン文字表記のラディーノ語の月刊誌 *El Amaneser*（夜明けの意味）がイスタンブルを発行地として発行されている。

一六世紀前半より、オスマン帝国は現在のアルジェリアまでのマグリブ地域を支配領域としていたが、現在のモロッコ地域にはその支配は及ばず、在地のイスラーム王朝が存在し続けていた。マグリブのユダヤ人も、基本的にはズィンミー（庇護民）としてイスラーム社会の一部を構成していたが、政治的経済的な要因で反ユダヤ暴動がおこることもしばしばであった。一四六五年よりマリーン朝に代わってモロッコの支配王朝となっていたワッタース朝でも、トランスサハラ交易の中継地であったオアシス都市トゥワートでシナゴーグ（ユダヤ教の礼拝、祈禱の会堂）破壊運動が発生したが、国家を挙げてのユダヤ人迫害が行われることはなかった。このワッタース朝でも、オスマン帝国領と同様に多くのユダヤ人は諸都市に居住し、メッラーフと呼ばれるユダヤ人街区を形成していた。

一四九二年の追放令以後、マグリブに大量に移住したセファルディたちはヘブライ語で、メゴラシーム（追放者）と呼ばれ、土着のユダヤ人、トシャヴィーム（在地民）と区別された。メゴラシームとトシャヴィームとの間では、言語的文化的違いが顕著であり、両者の間で対立が表面化することもあったが、概して両者は平和裏に混ざり合っていき、最終的には商業的ネットワークに裏打ちされた資本や文化的優位性をもつメゴラシーム、すなわちセファルディがモロッコのユダヤ人共同体の主導権を握っていくことになる。セファルディは、イベリア半島や北西ヨーロッパと同様に商業に従事したほか、戦争捕虜の身請人や外交官としても活躍した。捕虜身請人は、地中海地域で盛んになりつつあった海賊船（私掠船《しりゃくせん》）の活動によって、各地の港町に供給された捕虜を買い戻す重要な職業であった。

図2　ワーディー・マハージン（アルカサル・キビール）の戦い。向かって左がポルトガル軍で、右がサアド朝（モロッコ）軍。右手前の鉄砲を持っている兵士がモリスコや「背教者」と考えられる。（出典：Miguel Leitão de Andrade, *Miscellanea do sitio de N. Sª. da Luz do Pedrogão Grande*, Lisboa: Matheus Pinheiro, 1629.）

一例を挙げれば、一五七八年のワーディー・マハージン（アルカサル・キビール）の戦い（図2）で生じた大量のポルトガル人捕虜で、フェズ（アラビア語ではファース）に移送された貴族のとある捕虜は、セファルディの身請人によって世話をされていた。この貴族は異国の地に捕虜として留まっているにもかかわらず、セファルディが話すスペイン語とポルトガル語のおかげで、非常に快適に過ごしたと後日回想している［García-Arenal 2009: 68-74］。

その他にも、ユダヤ人の中には、宗教的帰属を何度も変更するような者も存在した。その好例がサミュエル・パリャチェというフェズ生まれのセファルディである。彼は、まずモロッコのサアド王朝に外交官として出仕し、オランダに滞在したが、その間にスペインのスパイになりカトリックに改宗し、スペインへの帰還を希望したようである。その後、イングランドとスペインの間の二重スパイとして活動し、イングランド側の私掠船で活動し、最終的にはスペイン当局によって捕縛、処刑された。彼のような人物は、異端審問に直面してユダヤ教信仰に殉じる敬虔なユダヤ教徒や、拷問や財産没収を避けるために改宗するコンベルソという、言わば憐れむべきユダヤ人という像とは大きく異なっている。サミュエルがときにユダヤ教徒、ときにコンベルソとして振る舞ったのは、単純に現世的利益を追求する現実主義的な行いであったのかもしれないが、彼の存在はユダヤ人内部における信仰への向き合い方がさまざまであったことを示唆している［García-Arenal and Wiegers: XIX-XXII］。

3 「背教者」

一六世紀の地中海地域では、スペインやヴェネツィア共和国を中心としたキリスト教勢力と、オスマン帝国が代表するイスラーム勢力の間で、東西地中海の覇権が争われ、絶えず軍事的衝突が繰り返された。両陣営間の対立は一五七一年のレパントの海戦における激突を頂点として、以後は捕虜獲得を目的とした小競り合いへと対立の様相を変化させていく。とくにムスリム海賊（私掠船団）は、地中海南岸のトリポリ、アルジェ、テトゥアン（アラビア語ではティトワーン）、大西洋岸のアラーイシュとサレを拠点として地中海北部諸国の沿岸部や通商ルートを襲撃し、人やモノを対象とした略奪行為を繰り返した。キリスト教徒捕虜は彼らが扱う主力商品の一つであり、身代金の請求や奴隷としての売買によって大きな利益を得ており、ある推計によれば一五〇〇〜一七五〇年の間に少なくとも一〇〇万人のキリスト教徒が地中海北岸から南岸へ連行されたと言われている。これらの捕虜の多くは、身代金が支払われて解放されるまで、土木工事の人足や家内奴隷などとして使役されていた［García-Arenal 2010: 586］。ムスリム海賊は、生まれながらのムスリムのみで構成されていたわけではなく、キリスト教からイスラームへの改宗者、すなわち「背教者」も多く参加していた。「背教者」の多くは地中海北岸のヨーロッパから地中海の南岸に連れ去られてきたキリスト教徒捕虜の出身である。彼らの改宗は、捕虜（奴隷）状態からの解放と自由の獲得を求めて行われることが多かったが、ムスリムになることで社会的身分の上昇の機会を得ることも大きな誘因の一つであった。たとえば、一五七一年のレパントの海戦に提督として参加し、一五七四年にはチュニスをスペインから奪還したアルジェリア

写真２　ユダヤ教徒街（メッラーフ）。現在、ユダヤ人はほとんど住んでいないが、通りにはパレスチナにちなんだ名前が残されている。（筆者撮影）

州総督ウルチュ・アリーは、イタリア半島カラブリア出身の「背教者」であった。彼のように改宗によってムスリム社会に参入することで社会的身分の上昇の機会をつかみ、政治的・軍事的に重要な役割を果たす「背教者」は珍しくなかった。また、イスラーム社会には異端審問制度のような個人の信仰を監視・審査する宗教的・社会的制度が存在しないことも、改宗の敷居を下げることにつながったと考えられる。

改宗理由の多くは捕虜や奴隷状態からの解放を求めるものであったが、女性の「背教者」たちのなかには、婚姻関係を解消して「自由」を得る、つまり離婚するためにイスラームへの改宗をする者たちも存在した。これは、イスラーム法（シャリーア）の規定で、ムスリム女性が非ムスリム男性との婚姻が禁止されていることを利用したものである。離婚が教会法で認められていないキリスト教徒女性が主体的に行うもので、まずイスラームへの改宗によって自らに適用される法を教会法からイスラーム法へと変更する。女性本人がムスリムとなったことで、キリスト教徒の夫との婚姻関係がイスラーム法に抵触する状態となり、離婚が成立するというものである。いわばイスラーム法を恣意的に利用するための改宗という信仰心とはかけ離れたケースではあるが、イスラームへの改宗動機の多様性を示す例でもある［Dursteler 2011: 14-15］。

また、「背教者」たちは、優れた兵士や水兵、書記官、翻訳官といった行政官としてムスリム君主に出仕したが、その一方で改宗後もイルジュという呼称の残存が暗示するとおり、現地ムスリム社会と積極的に混ざり合うことは少なかった。彼らの社会は、「背教者」のみで構成された閉ざされたもので、解放以前の元主人とのクライエンテリズム的関係を重視した。このように、現地ムスリム社会と交わらないという傾向は、マグリブにおけるモリスコと「背教者」との間に横たわる共通点でもある。西地中海地域、とりわけモロッコにおける「背教者」たちの多くは、スペインやポルトガル出身者で占められており、言語や生業、居住地も類似していたため、外部からはモリスコも「背教者」もキリスト教からイスラームに改宗した新規改宗者に見えるであろう。スペイン語史料でもモリスコと背教者（レネガード）という言葉は、しばしば両者に対して区別なく用いられ、アラビア語史料でも同様の現象は確認される。モリスコと「背教者」との類似性については、第三節でもう一度取り上げたい。

本節で見てきたユダヤ人と「背教者」の歴史的経験は、ジブラルタル海峡を越えた先で共有されるものであったが、これは両者が地理的にも、信仰的にも移動を行うという共通の経験を有していたからであろう。

二 「隠れムスリム」か、新キリスト教徒か

1 モリスコ共同体内部の多様性

次に、ムスリムからカトリック信仰への改宗者、モリスコに焦点をあて、彼らの言語的特徴や信仰、一七世紀初頭のディアスポラ（離散）[1]について考えたい。近世スペインにおけるモリスコは、アンダルス・ムスリムの末裔という点では確かに共通のルーツを持つ集団ではあったが、キリスト教徒社会が想像したような均質で同質的な集団、言い換えれば全員が「隠れムスリム」から構成される集団ではなかった。むしろ、モリスコはその集団内部に、その居住地域ごとに文化的言語的な差異を抱え、キリスト教社会への同化の進度も大きく異なっていた。

モリスコが「隠れムスリム」であったのか、それとも新キリスト教徒であったのかという問いに答えることは容易ではない。一七世紀初頭の追放令の発布に至るまで、秘密裡にイスラーム信仰を維持し、アラビア語を話し記述し続けた「隠れムスリム」のモリスコがいた一方で、キリスト教徒と同様にスペイン語を話し、同時代に人気を博したロペ・デ・ベガの演劇や、貴族から民衆まで多くの人々が読んだイエズス会士ルイス・デ・グラナダの宗教的著作に親しむキリスト教化したモリスコがいたこともまた事実である。ここではまずモリスコたちの地域的多様性について見ていこう。

各地におけるモリスコの文化的宗教的特徴は、基本的にムデハル（キリスト教支配下に暮らしたムスリム）時代の特徴を継承しており、これは第一に当該地域がキリスト教諸王国の支配下に入った時期が大きく影響している。一一世紀の後ウマイヤ朝滅亡後、半島中央部の中心都市トレードが一〇八五年にカスティーリャ＝レオン王国に奪取されたことで、アンダルスとキリスト教諸王国との境界線は大きく南下した。両勢力の境界線は、ムラービト・ムワッヒド両王朝がマグリブとアンダルスを統一的に支配していた時期には大きく変動しなかったが、一二一二年のラス・ナバス・デ・トローサの戦いでムワッヒド朝がキリスト教諸国連合に敗北したのち、キリスト教諸王国のアンダルスに対する征服活動は大きく進展することになった。これにより、一三世紀前半以降、ナスル朝グラナダ領を除く広大なアンダルス領域がキリスト教諸王国に支配されたが、征服後にキリスト教支配下に残留したムスリムはムデハルとして、イスラーム信仰やイスラーム法の施行、独自の自治を行う共同体（アルハマ）を持つことを許され、キリスト教社会に組み込まれていくことになった。支配者であるキリスト教徒との日常的な接触は、ムデハルの文化や言語状況にも大きな影響を与えた。キリスト教徒による征服時期が一一〜一三世紀と早い時期に行われたカスティーリャやアラゴンといった地域では、次第にムデハルたちはアラビア語に代えて支配者の言語、すなわち中世カスティーリャ語を用いはじめた。

カスティーリャ＝レオン王国がトレードを征服した後、その支配下に残留したムスリムの数は少数であったと考えられている。一二〜一三世紀に多くのアラビア語著作をラテン語に翻訳したいわゆる「トレード翻訳学派」が、ムデハルによって担われたのではなく、主にアラブ化したキリスト教徒（モサラベ）やユダヤ教徒によって担われていたことからも分かる通り、キリスト教徒による支配を忌避したムスリムの上層階級や知識人たちは、未だ健在であったアンダルス領域へと多くが移住したのである。その後、一三世紀半ばまでにコルドバやセビーリャといったアンダルスの中心地域がカスティーリャ王国の支配下に入ったが、これらの新征服地であるアンダルシア地方やムルシア地方では、ナスル朝グラナダの介入もあり、一二六四年ムデハル住民による反乱が勃発した。反乱鎮圧後に、ムデハル住民は北のカスティーリャ地域に強制移住になるか、南のナスル朝領域やマグリブへと移住したため、この地域のムデハルは、アラゴンやバレンシアに比べると数的にも少数派であった。また、カスティーリャのムデハル人口は、主に都市周辺に集中し、手工業や小売業、建築に関連する技術職（煉瓦建築、漆喰細工、大工など）、野菜農家などの職業に就く者が多かった［García-Arenal 2003: 68-70］。

現在のアラゴン地方を含むイベリア半島北東部の中心都市サラゴーサは一一一八年にアラゴン王国によって征服され、その後アラゴン連合王国の中心都市となった。同王国の支配下に残留したムデハルたちは、灌漑設備を利用した農業や都市での手工業に従事し、徐々にアラゴン方言のスペイン語を口語としていった。そして、遅くとも一四世紀には、アラビア文字を用いてスペイン語（中世カスティーリャ語）を表記したアルハミーア[2]と呼ばれる書記方法でイスラーム信仰に関係する著作を翻訳・叙述しはじめたと考えられている。［Wiegers 1994: 47-68］。同じくアラゴン連合王国によって一二三八年に征服されたバレンシアでも、ムデハルたちは王や貴族の領地における農業の貴重な労働力として保護された。「より多くのモーロ人は、より多くの利益をもたらす（A más moros, más ganancia）」という言葉はもともと、戦争時における略奪品についての格言であったが、転じてムデハル農民を抱えることの経済的利益を示す意味にも用いられるようになり、ムデハル農民が領主貴族にもたらした富の大きさをよく表している。王権や領主貴族によるムデハル保護は、同様に社会的下層に属するキリスト教徒民衆のムデハル憎悪の原因となり、反ムデハル暴動をも引き起こした。

バレンシアでは、カスティーリャやアラゴンとは異なり、同地のムデハルたちはアラビア語や割礼、イスラーム信仰とそれに伴う慣習を保持した。バレンシアのムデハル人口は全人口に対して一三世紀には約八〇％を、一四世紀の大半の時期において、五〇％以上と過半数を占めていた。その後、キリスト教徒入植者数の増加などの要因によってこの数字は一五世紀末には約三〇％にまで落ち込んだが、同時期にアラゴンのムデハル住民が全人口の約二〇％、カタルーニャに至っては二％未満を占めるに過ぎなかったことを考えると、バレンシアが半島随一のムデハルの集住地であったことは疑いない［Meyerson 1991: 14］。バレンシアは灌漑用水を用いた庭園農業が盛んな地域であり、その設備の維持と安定的な運用にムデハル住民は不可欠であった。また、キリスト教徒人口が相対的に都市部に集中する一方で、ムデハル人口は農村部に集中しており両者の間の社会的交流が限定的だったことや、イスラーム王朝であるナスル朝が支配するグラナダやマグリブとの地理的近接性およびイスラーム信仰の宗教的指導者としての法学者が残留していたことなども、文化や言語の残存に大きく影響していた。

バレンシアのムデハルが他の地域のムデハルと比べて優遇されていたことは、カスティーリャ王国のムデハルへ強制改宗令が出された後の一五一〇年に、アラゴン王フェルナンド二世（カスティーリャ女王イサベルの夫）が、バレンシアに居住するムデハルに対して、彼らが追放されることや、洗礼を強制されることはないことを保証していることからもわかる。一五二五年には、バレンシアのムデハルにもキリスト教への改宗と洗礼が義務化されたが、このときですらスペイン語（カスティーリャ語）習得の強制およびアラビア語使用に対する禁止は行われず、一六世紀後半のフェリーペ二世の治世においても、このある種の「特別扱い」は続いた。

モリスコに対する福音化の進展がバレンシアで遅れていたことは、バレンシアのオリウエラ司教トーマス・ダッシオが『モリスコ教化指令書（一五八〇年）』のなかで、強制改宗令の布告以降も洗礼を受けていないモリスコの存在を認め、早急な洗礼を命じていることからもうかがえる。この『指令書』は、モリスコの福音化が遅れている状況を改善することを目的に発せられたもので、各地の教区司祭にその内容を「バレンシアの言葉で」あるいは、「彼ら（モリスコ）がよりよく理解できる方法」でモリスコたちに伝えるよう命じている。これらの文言は、強制改宗から五〇年以上経過しても、バレンシアではモリスコのキリスト教化が遅々として進んでおらず、更に彼らがスペイン語ではなくアラビア語を日常的な口語としていたことを暗示している［関　二〇一四：三四九―三五〇］。

バレンシアと同様に、イスラーム文化やアラビア語の残存が顕著であった地域としてグラナダ地域が挙げられる。グラナダ地域は、一四九二年にカトリック両王によるナスル朝征服後にキリスト教支配下に入ったため、必然的に社会のキリスト教化も最も遅くに始まった（写真3）。グラナダのムデハル住民たちは、一五〇一―一五〇二年に布告されたキリスト教への強制改宗令によって、改宗ムスリム、すなわちモリスコと呼ばれるようになったのちも、彼らの多くはバレンシアのモリスコと同じく引き続きアラビア語を話し、子どもに割礼を施し、それ以前の文化的習慣を実践し続けていた。なお、グラナダは前述のバレンシアと同様に地中海沿岸に位置するが、平野の少ない地域であったため、モリスコは、果樹や桑の木といった樹木栽培を行うことが多かった［Domínguez Ortiz y Vincent 1989: 109-111］。

各地域の差異に加えて、都市部と農村部の間の格差も重要である。多少の地域差はあるにしろ、都市部のモリスコは商業や手工業に従事し、日常的に隣人で取引相手でもあるキリスト教徒たちとの交流の必要性と機会を多く持っていたため、都市部のモリスコにとってキリスト教徒との同化は避けられないものでもあった。また、都市官職や貴族身分を有する富裕な有力モリスコのなかには、アラビア語とスペイン語の両言語を操り、識字能力を兼ね備え、ラテン語を習得する者も存在していたし、翻訳官やイエズス会修道士となった者もいた。加えてグラナダ市やバレンシア市には、モリスコ子弟を専門に受け入れる教会付属の学校が設立されており、そこで学んだモリスコの子どもたちを

写真3　アラビア語を用いたキリスト教布教のために作成された文法書。アラビア文字の発音をラテン文字で音訳している。（出典：Pedro de Alcalá, *Arte para ligeramente saber la lengua arauiga,* Granada: Juan Varela de Salamanca, 1505.）

通じて、モリスコの大人たちにキリスト教信仰が伝播されることが期待されていた。

一方で、農村部のモリスコたちは、彼らのみで構成される閉じた共同体のなかで暮らしており、日常的にキリスト教徒と接触する機会は限定されていた。前述のモリスコ子弟向けの学校は当然都市部にのみ存在しているため、農村部に暮らしている限りスペイン語を学ぶ必要も機会も非常に限定されていた。ただし、都市部のモリスコと農村部のモリスコたちは決して隔絶していたわけではなく、彼らも近隣の都市へ流入し自らの子弟を都市部のモリスコ手工業者や商人へ徒弟や奉公人として送り出していたことが知られている［関 二〇一四：三四六―三四八］。とくにグラナダ市の場合、同市の主要な手工業であった絹産業への生糸を供給していたのは、市の後背に位置するシエラネバダ山脈中のアルプハーラス山地の農民たちであり、生糸のやり取りでは都市部と農村部のモリスコの間で契約書や帳簿などを記述する言語として、もっぱらアラビア語が一六世紀後半まで用いられていた［押尾 二〇一一：一一七―一一九］。

なお、アラビア語が用いられ続けたのは、男性が主役の場面ばかりではない。「隠れムスリム」の共同体の要として、そして信仰実践に関わる問題の裁定者として、モリスコ男性のアルファキー（法学者）は、異端審問の主たる摘発対象であったが、モリスコ女性の産婆や既婚女性もまた監視対象となっていた。これらの女性は、ムスリム名を子どもに与える儀式を執り行ったり、家庭内で子どもにイスラーム信仰やアラビア語の初歩的知識を教える役割を果たしていた。すなわち女性は、男性とは異なる形でイスラームの文化的遺産を伝達する役割を果たしていたと言える［García-Arenal 2018: 42］。

2　維持される伝統、変わる伝統

前項で示したとおり、モリスコの言語的状況やキリスト教社会との同化の進展具合などは、各地域や所属する社会階層、性差などのさまざまな要因によって多様で、複雑な様相を呈していた。近年のモリスコ研究では、従来のようにモリスコの「隠れムスリム」性を前提とするのではなく、（1）イスラーム信仰を順守し、カトリック信仰に抵抗し続ける「隠れムスリム」的グループ、（2）イスラームの文化的遺産を、信仰というよりもむしろ文化的アイデンティティの形で固守するグループ、（3）信仰面でも文化面でも多数派のキリスト教社会に同化したグループと、大きく三つのサブ・グループに分類し、モリスコのアイデンティティを形成した多様な文化的宗教的要素に着目する研究が増加している。［García-Arenal 2018: 38］

とくに、（1）と（2）の集団をゆるやかに結束する紐帯の役割を果たしたイスラーム信仰は、モリスコの文化的多様性の一つである言語的差異を越えて共有されるものであった。本項ではこのような研究動向を踏まえた上で、「隠れムスリム」としての自己認識を強く持つモリスコに焦点をあてて、宗教的・言語的境界線上に位置した、彼らの信仰生活や集団意識について考察する。いわば武力などのハードパワーに対する抵抗ではなく、キリスト教社会の宗教的文化的な圧力、ソフトパワーにモリスコがどのように対抗していたのかをここでは見ていこう。

一六世紀初頭までに、法学者をはじめとする多くの知識階級が、半島外のイスラーム支配領域に移住したため、イベリア半島に残留したモリスコは、イスラームの信仰実践や日常の様々な問題に関して身近な専門家に問い合わせることが困難となっていた。強制改宗後も、ムスリムを自認する「隠れムスリム」的なモリスコ集団にとって目下の課題となったのは、キリスト教支配下で、いかにイスラーム信仰を維持し実行するかというものであった。ただし、イスラーム法の伝統的な考え方に従えば、異教徒が支配する地域「戦争の家」からは可能な限り早く脱出し、ムスリムが支配する地域「イスラームの家」に移住すべきであることは明らかであった。そのため、モリスコは自分たちのおかれた状況について、イスラーム法学者に相談をし、彼らの法的見解（ファトワー）を得ようと何度も試みている。しかし、得られた法学者の回答は基本的に「一刻も早く移住すべきである」という点で一致していた。なぜなら異教徒の王に忠誠を誓い、異教徒とともに暮らしていてはイスラームの宗教的実践を行い、戒律を守ることが難しくなり、ついには異教徒と同じものになってしまう危険性がある、というのが法学者たちの共通した見通しだったからである。中には、異教徒に征服された国に留まることは、「腐肉、血、豚の肉を食べることが禁じられているのと同じように」宗教上禁じられているという厳しい意見を出す法学者も存在した［García-Arenal 2003: 104］。

そのような状況下で、モリスコたちが秘密裡にイスラームを実践するにあたり、信仰とその実践の秘匿や偽装改宗を正当化するタキーヤ(3)とよばれる理論を援用していたことは、現在に至るまで多くの研究者の関心を集め、議論されてきた［Cardaillac 2004; Rubiera Mata 2004; Stewart 2006; Rosa-Rodriguez 2010］。その際に、常に研究者たちが一級の史料として取り上げてきたのは、アルジェリアの都市オランでムフティー（ファトワーを発行する法学者）を務めたアフマド・ブン・アビー・ジュムア・マグラーウィー（一五一一年死去）がモリスコに向けて発行した「オランのムフティーのファトワー」と呼ばれてきた史料である。このファトワーは、アラビア語、アルハミーア、ラテン文字表記のスペイン語の三種類の写本で現存しているが、アラビア語版とアルハミーア版の二つが当時のモリスコの間で広く流通していたと考えられている。以下の引用部分のうち、傍線部が先行研究によって、マグラーウィーからモリスコへのタキーヤ理論の紹介ないし推奨であるとみなされている箇所である。

アッラーを称えよ、彼への奉仕を続けよ、そして礼拝を維持せよ、たとえ目配せであったとしても。そして喜捨を行え、たとえ貧者たちに恩恵を施すことを知っているとしても、たとえそれが高慢からであっても。何故なら、アッラーはあなた方の外面ではなく、あなた方の心の内面をご覧になるからである。［Biblioteca de la Real Academia de la Historia de Madrid, T-13（11-09410）, fols. 28r-29v.］（傍線部引用者）

この文言は、外面的な行為と心の内面が釣り合っていなくとも、信仰を保ち心の内において正しい意図があれば、その行為は是認されることを暗示している。マグラーウィーはタキーヤという言葉こそ用いてはいないが、この後に続く信仰実践に関する具体的な指示からも、彼がこの理論を意識していることがうかがえる。

例えば、キリスト教社会の監視の目を逃れて行う礼拝前の身の浄め方や、ワインや豚肉などのイスラーム法上、飲食が禁止されている食物を食べるように強要された際には「自分の意図を清め、違法性を認識しながら」であれば、飲んだり食べたりして良い、という方針を示している。また、イエス・キリストの磔刑については、イエスは十字架の上で死去したのではなく、神がイエスに名誉を与えるために天上へ引き上げられたと考えるように指示し、モリスコがキリスト教社会で、たびたび目にすることになるであろうイエスの磔刑を表象した絵画や彫像と対峙する心構えについても助言している。(4)

マグラーウィーのファトワーと同じく、モリスコ社会の中で広く流通し、そのイスラーム信仰を支えた著作として一五世紀半ばのセゴビアのイスラーム法学者であったイーサー・ジャービル（ジデッリ）の『スンナ概要』（*Suma de los principales mandamientos y devedamientos de la ley y suna*）が挙げられる。この著作の原本はスペイン語（中世カスティーリャ語）で書かれたが、後にアルハミーア表記にも書き直された。著者であるイーサー・ジャービルは、同著作をスペイン語で著した理由として「カスティーリャのモーロ［ムスリム］たちは大いなる抑圧や負担、税金、疲労、労働によってその財産を失い、アラビア語の学校をも失った」ため、ムデハルの有力者から、「すべての良きモーロが知り、用いるべきものである我々の高貴で聖なる律法とスンナを、ロマンス語（中世カスティーリャ語の意味）で編纂し翻訳すること」を懇願されたことを挙げている。ここからは、当時のカスティーリャのムデハルが、アラビア語の教育機会の喪失やアラビア語能力の低下に直面し、口語であるスペイン語でイスラームの宗教的知識を理解する必要に迫られた様子がうかがえる。言い換えれば、一五世紀なかばの段階で、イスラーム信仰のスペイン語化は、徐々に進展しつつあったといえよう〔押尾　二〇一九：一五一-一二〇〕。

『スンナ概要』が、一六世紀を通してモリスコの間で、ラテン文字表記スペイン語写本とアルハミーア写本の両方の形で流通していたことや、ラテン文字表記スペイン語写本の存在がヌエバ・エスパーニャ（現在のメキシコ）の異端審問記録でも確認されていることから考えても、モリスコたちの間で同書が影響力を持つ著作であったことは疑いない。

なお、この著作はイスラーム法学書に分類される著作なので、古典的な法学書と同じく、まず神と人間の間の関係を定めた儀礼的規定（イバーダート）に関する記述がなされ、続いて人間同士の関係について定めた社会的規定（ムアーマラート）が解説されるという構成になっている。具体的には、礼拝の前の浄めや礼拝、断食の方法や手順、メッカ巡礼、喜捨などについての解説がなされた後、負債や婚姻、監護権などいわゆる民法的な内容について詳細に取り扱われている。『スンナ概要』は学問書的性格が強いため、実際にモリスコ（あるいは一五世紀のムデハル）が、これをどれほど参考にしていたのかは定かではないが、彼らの信仰実践にある程度の基準を与え、普遍的なイスラーム知識の伝達に役立っていたと考えられる。

マグラーウィーのファトワーや『スンナ概要』を含むアルハミーア文献は、アラビア文字を用いて、スペイン語をはじめとするロマンス諸語を記述した写本史料であり、主にクルアーン（コーラン）や法学書、ハディース（預言者ムハンマドの言行録）、文法書など、モリスコにイスラーム知識を教え伝達することを目的とした作品が多く残されているほか、魔術や占い、薬学（医学）、旅行記、世俗文学など、取り扱われているテーマは多岐にわたる。アルハミーア文献の大部分は、アンダルス時代から受け継がれたイスラーム知識を翻訳して引き継いだものが多いのだが、先に挙げた『スンナ概要』やマンセボ・デ・アレバロによる一連の宗教的著作など、ムデハル・モリスコ時代に新たに著された作品も存在する。ただし、アルハミーア文献は、基本的にイスラーム信仰やムスリムの存在がイベリア半島から法的に禁止されていく時代に書かれたものであるため、多くの場合、著者のみならず翻訳者や写本作成者の名前を特定することも困難な匿名性の高い史料である。

アルハミーアで書かれたスペイン語には、アラゴン地域の方言の特徴が認められ、構文や文体、語彙にはアラビア語の強い影響が見受けられる。また、アラビア語の語彙がスペイン語に受容される借用表現や新造語の使用という特徴も見られる。借用表現としては、「本 **alquiteb**（アラビア語名詞、kitāb 由来）」や「礼拝 **aṣṣala**（アラビア語名詞、ṣalāh 由来）」などが挙げられ、新造語の例としては、「跪拝《きはい》する **çjidar**（アラビア語の名詞、跪拝 sajdah 由来）」や「創造 **jaleqamiento**（アラビア語の動詞、創造する khalaqa 由来）」などが挙げられる。新造語の例からは、アラビア語の単語をスペイン語の文法に則って変化させることで、イスラーム信仰を表す新しい単語を創造していた様子がうかがえる[López Morillas 1995: 200-202]。一般的にムスリムにとってアラビア語は、神が預言者ムハンマドに啓示を下した聖なる言語であり、またアラビア文字は聖典クルアーンが記された神聖な文字と認識されており、当時のモリスコたちもまたこの認識を共有していたと推測される。それゆえに、言語的にはスペイン語であるアルハミーア文献においても、クルアーンの章句や祈禱の文言、信仰実践に関わる固有名詞などは、アラビア語本来のつづりを可能な限り維持しようと試みていたのだろう。

ただし、非アラビア語をアラビア文字で記述するという表記法は、決してスペイン特有の現象ではなく、非アラビア語地域にイスラーム支配が及んだ際には、普遍的にあらわれる現象であった。古くは、ペルシャ語によるアラビア文字の受容や、無文字言語であったスワヒリ語によるアラビア文字の採用など、多くの場合アラビア文字の受容は、地域へのイスラーム信仰の導入後に起こっている。一五世紀よりオスマン帝国の支配下に編入されたバルカン半島などのヨーロッパ地域でも、社会のイスラーム化にともなってボスニア語がアラビア文字を受容したことが

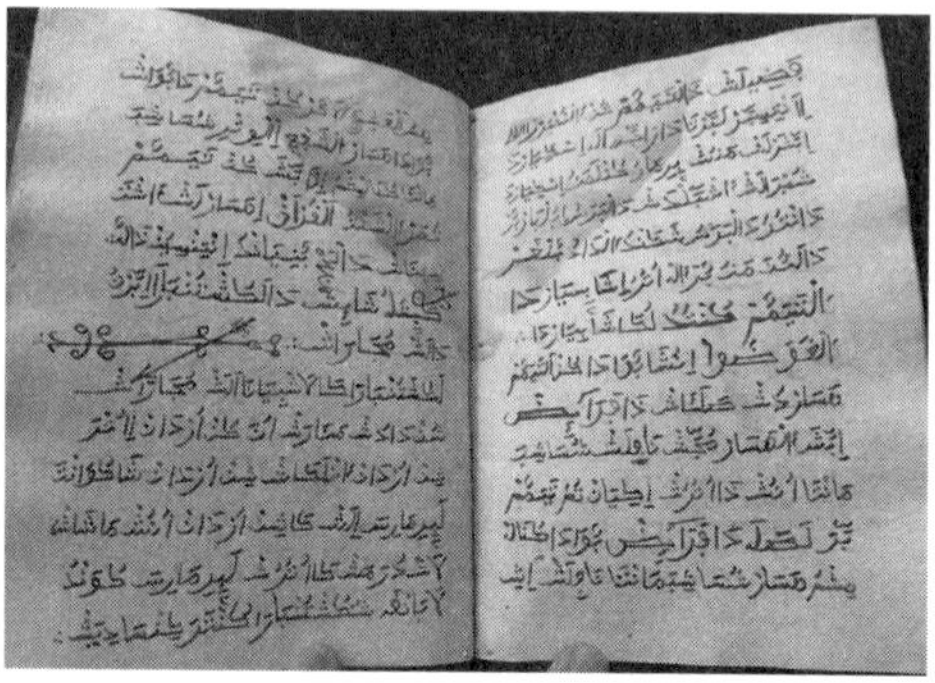

写真４　『礼拝手引書』のアルハミーア写本。O Sp.3（ウプサラ大学図書館蔵）

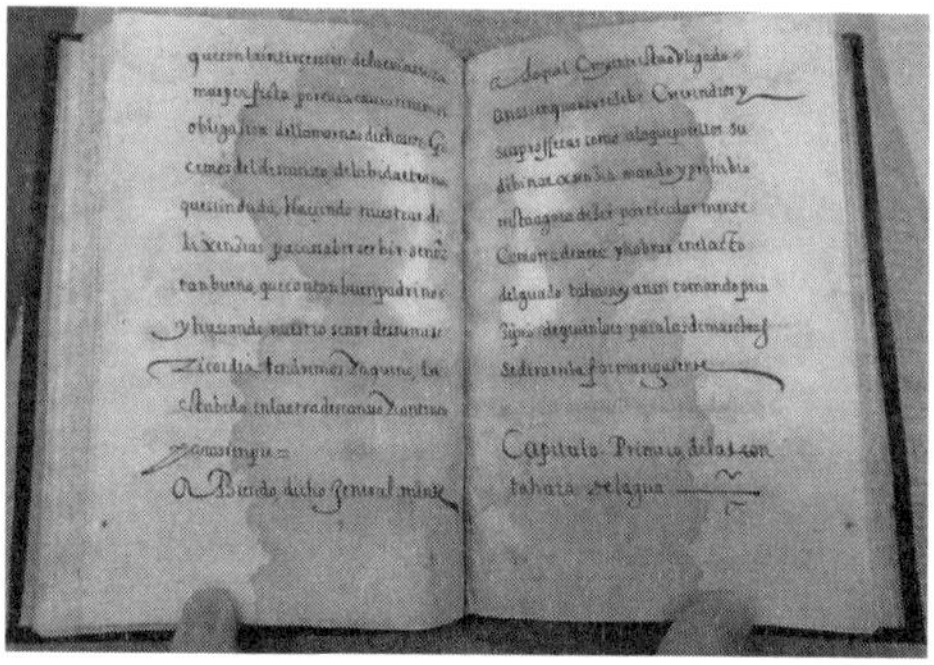

写真５『礼拝手引書』のラテン文字表記スペイン語写本。O Sp.40（ウプサラ大学図書館蔵）

知られている。上記のような、非アラビア語によるアラビア文字の受容という「アルハミーア現象」とでも呼ぶべき現象が、スペインのそれと大きく異なるのは以下の二点である。第一に、他の事例では支配者の信仰（イスラーム）を被支配者が受容し、続いてアラビア文字を被支配者の言語が受容するという過程を経ている一方で、スペインの事例ではキリスト教徒に支配されたムスリム（ムデハル）が口語をスペイン語化させていく過程で、アラビア文字を用いて支配者の言語であるスペイン語を表しはじめるという経緯をたどったという点である。書き手がムスリムであり、アラビア文字とイスラーム信仰を保持している点は、すべての事例で共通するが、スペインの場合は支配者の文字と信仰を被支配者が受容して発生した事象ではないということが他の事例と大きく異なっている。

第二に、他の地域では、支配者と被支配者が同一のイスラーム共同体に帰属しており、イスラーム信仰やアラビア語、そしてアラビア文字が禁止や排除対象となることはなかった一方で、スペインでは一六世紀初頭の強制改宗令以後、イスラーム信仰は法的に禁止されており、イスラーム信仰を保持し続けるためには「隠れムスリム」になるほかなかったという点である。アラビア文字で書かれた書物の所持自体が、異端審問の訴追対象となっていたため、スペインのアルハミーア文献は、他の事例とは一線を画す「地下文学」的性格を持つものとなったと言える(5)。

モリスコのイスラーム信仰を支える文化的支柱の一つであったアルハミーア文献だが、一七世紀初頭の追放に至るまでアラビア語話者モリスコが多数派を占めたバレンシアや、キリスト教化が遅かったグラナダでは現在までその写本は見つかっておらず、発見場所はスペイン語話者モリスコが多く暮らしていたカスティーリャ・アラゴン地域に集中している。最大の発見は一九世紀末、サラゴサ近郊のアルモナシド・デ・ラ・シエラでの発見であったが、その後もアビラやトレード近郊でも散発的に写本の発見が続いている［佐藤　二〇一二：三三三―三三五］。

しかし、一七世紀初頭のスペインからの追放後、移住先のマグリブではアルハミーアでの記述は急速に廃れてしまう。チュニジアやアルジェリアで数点見つかっているアルハミーア写本は、おそらく現地で作成されたものではなく、半島由来の写本をモリスコが持ち運んだものであろう。新しいアルハミーア写本が作られなくなる一方で、マグリブでモリスコたちはラテン文字表記のスペイン語（カスティーリャ語）を用いて、作品を著しはじめる。例としては、キリスト教教義に反駁する宗教的著作や、追放されたモリスコの再イスラーム化のための『礼拝手引書』などを挙げることができる（写真4、写真5）。この『礼拝手引書』は、もともとアルハミーアで書かれたものが、マグリブ移住後にラテン文字表記のスペイン語に書き直されたと考えられ、内容的には前述の『スンナ概要』と同じく法学や神学を取り扱っているが、記述や文章は単純化されている［押尾　二〇一六：五―九］。追放後のモリスコによるラテン文字表記スペイン語作品の存在は、読み書き能力をもつスペイン語話者のモリスコにとっては、アラビア語よりもスペイン語でイスラーム知識を学ぶことがより効果的であったことを示唆している。これらに加えて、アラビア語とスペイン語の二言語を操るモリスコの知識人が、預言者ムハンマドの生涯や彼の起こした奇跡などを扱ったアラビア語著作をスペイン語に訳出したり、反対にスペイン語で書かれた砲術書などをアラビア語へと翻訳したことも知られている［佐藤　二〇〇八：二三六―二四〇］。

3　イスラームとキリスト教の「融和」の試み

アルハミーア写本や追放後のモリスコの手によるラテン文字表記スペイン語写本が、「隠れムスリム」としての性格を強くもち、イスラーム信仰を固持し改宗やキリスト教社会への同化に対して明確に抗ったモリスコの存在を示すものである一方で、イスラーム信仰の優位性を保ちつつ、思想的にはキリスト教との「融和」を試みたモリスコたちの著作も存在する。

一つ目の例として挙げられるのが『聖ベルナベの福音書』である。これは七世紀以降存在が確認されていなかった、初期キリスト教の使徒バルナバ（スペイン語ではベルナベ）を作者とする福音書が、教皇シクストゥス五世（在位一五八五―一五九〇）の図書館から修道士によって盗み出されて日の目を見た、という触れ込みの黙示録的な内容を含む偽書であった。この偽福音書『聖ベルナベの福音書』の作成者はモリスコであると考えられており、その内容はイエスの神性の否定（三位一体や磔刑での死など）、割礼の肯定、救世主（メシア）の役割をイエスからムハンマドに移譲するなど、イスラーム的なイエス解釈を色濃く反映したものとなっている。

なお、磔刑上でのイエスの死の否定は、前項で取り上げたマグラーウィーのファトワー（法的見解）でも言及されていたが、『聖ベルナベの福音書』では、十字架にかけられて死んだのは、神の奇跡によってイエスの姿に変えられたイスカリオテのユダであり、その後使徒たちの前に現れたイエスはことのあらましを伝え、神により天へと引き上げられた、と語られる。イエスの死と復活の否定は、クルアーンでも言及されているイスラームの定説ではあるが、キリスト教教義の根幹を否定することにつながるため、この一点から見ても『聖ベルナベの福音書』がいかにイスラーム的イエス像を語る福音書であったかがわかるだろう。さらに、イスラーム信仰においても、イエスは神から崇敬される預言者であるが、その福音書（聖書）は後代の教会や聖職者によって内容が改変され、イエスが神から下された本来の言葉が損なわれていると考えられている。それゆえ、『聖ベルナベの福音書』のように存在が隠匿されてきた「古い」福音書には、改変される前のイエスの真実の言葉が含まれている、とモリスコを含めムスリムの知識人が認識していたため、チュニジアのモリスコ知識人も、キリスト教教義に対する論駁書のなかで『聖ベルナベの福音書』を正しい福音書として取り上げて参照している［Bernabé Pons 1998: 11-24］。

同様の事例で、キリスト教社会も巻き込んで、一六世紀末から一七世紀後半まで大きな論争を巻き起こした事件がサクロモンテの偽聖遺物（鉛板文書）事件であった。事の発端は一五八八年に、グラナダ市の大聖堂（元は大モスク）に付属するトゥルピアーナの塔という古い塔が取り壊された際に鉛製の小箱が発見され、その中にはアラビア語、ラテン語、ギリシャ文字が書かれた古い羊皮紙文書、人骨、布の切れ端が入っていた。羊皮紙文書によれば、これらは一世紀のグラナダ司教のカエキリウス（スペイン語ではセシリオ）によってもたらされた聖遺物であり、羊皮紙は聖ヨハネの終末に関する予言であり、人骨は聖ステファノのもので、布切れは聖母マリアがイエスの涙を拭ったヴェールの一部であるとのことであった。その後、一五九五年二月にはグラナダ市郊外のバルパライソの丘（現在はサクロモンテの丘と呼ばれている。写真6）からトレジャーハンターの手によって、角張ったアラビア文字のような奇妙な文字と形の崩れたラテン文字の書かれた鉛板が見つかった。この後、発掘は当時のグラナダ大司教の主導によって行われ、この丘からその他の聖遺物とともに、前述の鉛板と同じく奇妙なアラビア文字によく似た文字が書かれ、紐状の鉛で綴じられた鉛板が続々と出土した。その数は、一五九九年までに一八ないし一九片となり、これらはまとめてサクロモンテの

写真6　サクロモンテ修道院外観。サクロモンテ鉛板文書が発見された丘の上に建てられた修道院（筆者撮影）

鉛板文書と呼ばれている。

使徒の時代に由来する「聖遺物」と当時考えられていたこれらの品々は、現在ではフェリーペ二世の翻訳官も務めたモリスコ出身の医師アロンソ・デル・カスティーリョと、同じくモリスコ出身の医師でカスティーリョの娘婿ミゲル・デ・ルナらモリスコ知識人とその協力者によって制作された偽聖遺物であると考えられている。(6)

一連の鉛板文書の内容はそれぞれ異なっているが、基本的には聖母マリアによって伝えられた新しい「福音書」の形をとっており、イスラームとキリスト教のシンクレティズム（習合）的内容である。例えば、一五八八年に発見された聖遺物は、使徒ヤコブとともにスペインに渡った古代アラブ人の殉教者に属するものであるという触れ込みであった。また、聖母マリアが語り手とされたのは、彼女が預言者イエスの母としてクルアーン中で何度も言及される重要人物であり、ムスリムにとっても崇敬すべき女性として認識されているからであろう。そして文書の中では、聖母マリアは信者たちにアラビア語で話しかけたとされ、人々が来たるべき救世主は誰なのかを問うと、「わたしは、アラブ人たちは善き民であり、アラビア語は善き言語であることをあなた方に保証しよう。（この言語は）終末に際して神の聖なる律法、聖なる福音、神の聖なる教会を称えるために神によって選ばれたものである」と応えている。この記述からは、イスラーム信仰と関連付けられがちであったアラビア語やそれを話すアラブ人たちを、キリスト教信仰に相応しい言語と人々であると称揚する様子がうかがえる［García-Arenal 2009: 496-497］。

この鉛板文書が制作された目的は、モリスコの祖先とみなされていたアラブ人を、七一一年のイベリア半島征服から切り離し、西ゴート時代よりも古い初期キリスト教史へと位置づけ直すことを通じて、イスラーム的解釈に寄せたキリスト教像（あるいはキリスト教化したイスラーム）を提示することにあったと推察される。更に言えば、この一連の「聖遺物」発見事件が起こった一五八〇年代は、王権がモリスコ問題の対策を追放へと舵を切りつつあった時代であり、現実化しつつあった追放を回避するために、アラビア語に表象されるモリスコのムスリム性を取り除くことも、制作者たちの意図するところだったのだろう。また、この鉛板文書は、イエスの神性については『聖ベルナベの福音書』と同じく否定的な立場を示す一方で、聖像崇拝などの問題には沈黙を貫き、当時のスペインの教会が熱心に推進していた教義である無原罪の御宿りの教義や聖ヤコブのスペイン到来については是認するなどという特徴から、制作にあたってモリスコ知識人ばかりでなく、カトリック教会の関係者も関与していた可能性が高い。〔宮崎 一九九六：一四二―一四六〕

サクロモンテの鉛板文書と一連の「聖遺物」の発見は、グラナダの旧キリスト教徒住民に熱狂をもって受け入れられたが、これはキリスト教都市として歴史の浅いグラナダに、使徒の時代から途切れることのないキリスト教の伝統が見出された、と彼らが考えたからに過ぎず、制作者たちの意思とはまったく関わりがなかった。更にいえば、発見当初から羊皮紙文書とサクロモンテ鉛板文書の真贋についてはキリスト教徒知識人の間で議論があり、当時の人文学者や聖職者、教会会議、果ては異端審問会議までも巻き込む論争が展開された。この騒動は、モリスコの追放が完了した一六一四年以降も続いたが、最終的に一連の「聖遺物」と文書群は一六四五年にローマへと送られ、専門家による調査を経て一六八二年に教皇インノケンティウス九世によって正式に偽物であると認定された〔García-Arenal y Rodríguez Mediano 2010: 24-44〕。

ここで示した『聖ベルナベの福音書』とサクロモンテの鉛板文書は、双方ともイスラーム信仰に融和的なキリスト教著作の形をとっている。これらの制作者たちは、アルハミーア文献を著した「隠れムスリム」的なモリスコたちと異なり、十分にキリスト教化されたモリスコたちであり、彼らの目的は、モリスコをキリスト教史の中に位置づけ、最終的にはイスラームとキリスト教の関係性を再構築することにあったと考えられている。キリスト教社会が、モリスコの多くは改宗後もムスリムであり続けているという偏見をもち、アラビア語やアラビア文字がイスラーム信仰と不可分であると認識している環境において、アラビア語の脱イスラーム化やイスラームとキリスト教のシンクレティズム的思想が誕生したことは、モリスコの現実が単純ではなく、二つの信仰の狭間で非常に曖昧な状態におかれてきたことを示唆している。

4 モリスコのディアスポラ

本項では、ユダヤ人と同じく、キリスト教化という名の同化政策から追放へといたるモリスコの歴史的経験を見ていこう。モリスコに対する王権や教会が主導する同化政策は、一六世紀前半から半ばにかけて実行されたが、アメリカ大陸の先住民（インディオ）に対する教育に比べて、元ムスリムのモリスコに対するそれは熱心さを欠いていた。しかし、この不熱心さは、裏を返せばモリスコの同化政策がある程度「穏健」であったことを意味する。この小康状態とも言うべき時代は、フェリーペ二世の即位をきっかけとして終焉を迎える。

モリスコの状況が好転することは、強制改宗令がスペイン全土に適用された一五二六年以降一度もなかったが、決定的な悪化は一五六七年に生じた。カルロス一世（神聖ローマ帝国皇帝としてはカール五世）の跡を継いだフェリーペ二世は、父の時代に停止されていたモリスコ文化禁止令の再公布および施行を決定した。この王令によって、グラナダのモリスコは、口語文語の区別なくアラビア語の使用やアラビア語文書の保管、伝統的な衣装の着用、ヘナ（手足や髪に用いられる染料）、公衆浴場、アラブ由来の個人名や家族名の使用など、ありとあらゆる「モリスコ的」であるとみなされる習慣をすべて禁止された。

この王令の施行については、グラナダ・モリスコ共同体の指導的立場にあったフランシスコ・ヌニェス・ムレイがグラナダの高等法院に向けて意見書『覚書』を提出している。この『覚書』のなかでヌニェス・ムレイは、モリスコ女性のヴェールに代表される伝統的装束は、イスラーム信仰と関係なく地域的なものであることを論証したのち、アラビア語はエルサレムなどの中東のキリスト教徒の間でも口語・文語の両方として用いられており、反カトリック的要素を含まないと主張した。とくにアラビア語の使用が全面的に禁止されれば、グラナダの絹産業におけるモリスコの商業活動が阻害され、ひいては同地域の経済に多大な損害を与える危険性がある、と繰り返し警告している。『覚書』の狙いは、アラビア語を含むモリスコ文化とイスラーム信仰を分離することで、モリスコを王権に忠実な臣民と位置づけ直し、王令実施の結果として経済的な損失が生じる危険性を強調することで、フェリーペ二世に禁止令の撤回を促すことにあった。

しかし、一六～一七世紀は、ヨーロッパが宗教改革や対抗宗教改革に代表される「宗派化」のただなかにあった時代であり、フェリーペ二世のスペインもまた、トレント公会議の決定事項をスペイン全土に適用し、カトリック教義の確立と社会への浸透によって、規律化された社会秩序と臣民の形成を試みていた。それゆえ、ヌニェス・ムレイの『覚書』の地域的多様性を強調するレトリックではフェリーペ二世の決定を覆すことは出来なかった。

そして、一五六八年一二月には、グラナダのアルプハーラス山地を中心として発生した大規模なモリスコによる反乱、第二次アルプハーラス反乱が勃発する。この反乱は、旧キリスト教徒とモリスコの間の社会経済的・文化的対立が一五六七年の王令がきっかけとなって爆発したものであったが、後ウマイヤ家の末裔と言われる人物を反乱の指導者に据えて救世主運動的側面を持ちはじめ、アンダルスの復興を目指す反乱へと展開した。フェリーペ二世は、イタリアから異母弟フアン・デ・アウストリア率いる軍を呼び寄せ二年かけて反乱を徹底的に鎮圧したが、その過程において反乱側への協力や海外のイスラーム勢力との連携を防止するために、グラナダに居住するモリスコの多くをカスティーリャの内陸部へと強制移住させた。反乱によって死亡・逃散・奴隷化されたモリスコに加えて、強制移住によって約八万人のモリスコがグラナダから追放されたことで、当時のグラナダ地域の全人口の半数近い約一三万五〇〇〇人のモリスコ人口が失われた［関 二〇一六：二一七―二二三］。また、このグラナダから内陸のカスティーリャへのモリスコ追放は新しい問題を引き起こした。カスティーリャのモリスコは、一三世紀後半以来キリスト教支配下に暮らしたムデハルの末裔であり、言語的にも文化的にもキリスト教社会との同質化が進んでいた。一方で、グラナダのモリスコはキリスト教支配下に編入されてから一〇〇年と経っておらず、未だ多くがアラビア語を用い、イスラーム文化の名残を留める集団であった。カスティーリャのモリスコとグラナダのモリスコを「共生」させることで、キリスト教化を進展させる狙いが王権にはあったと考えられるが、この目論見もまた失敗に終わる。カスティーリャとグラナダ各地域のモリスコの間の差異は大きく、前者が後者を教え導いてモリスコ全体のキリスト教社会への同化が進展することにはならず、両者の間の対立が浮き彫りになった。さらに、カスティーリャのモリスコに対してもキリスト教社会は疑いの眼差しを向けはじめ、彼らも異端審問による弾圧の標的となったほか、移住先の社会に順応できないグラナダのモリスコのなかには山地へと逃散し、モンフィと呼ばれる山賊になる者もいた。

一六世紀初頭の強制改宗以来、モリスコをいかにしてキリスト教社会に包括するかという観点から、「モリスコ問題」の解決が王権を補佐する諸会議や教会の聖職者などによって議論されてきた。具体的には、改宗者に物質的な報奨を与えたり、モリスコと旧キリスト教徒を混住および婚姻させることでキリスト教社会に徐々に同化させていくことや、アラビア語を用いたモリスコに対する福音教育などが提案されたが、これらの対策は一部の例外を除いてほとんど機能しなかった。そして、一五八二年のリスボンでの顧問会議を皮切りに、徐々に「モリスコ問題」の解決策は同化から追放へと傾いていく。また、一五八三年には、アラゴン地域のモリスコとフランスとの反王権的な陰謀が発覚するなど、次第に王権はモリスコを臣民としてではなく、「内なる敵」として認識していった。

一六〇九年には四〇年に及んだオランダとの戦争に休戦協定が結ばれたことを契機として、フェリーペ三世はモリスコのスペイン全土からの追放を命じる王令を発布した。この追放令では、王権とカトリック教会が一六世紀以来モリスコの改宗や福音化に注力してきたにもかかわらず、モリスコは心からの改宗を行わず、イスラーム信仰を秘密裏に続けており、キリスト教信仰と国家が危険にさらされることを追放の理由として挙げている。このような宗教的な大義名分に加えて、国際情勢に目を向けると、一六〇一年にスペインはオスマン帝国領のアルジェ攻囲に失敗しており、フェリーペ三世とその寵臣であるレルマ公爵が、この軍事的失点の挽回を「モリスコ問題」の解決に仮託していたことも追放実施に大きく影響していると考えられる。

この全体追放令の追放対象は出身地を問わず、すべてのモリスコ男女であり、追放された人数は約三〇万人と概算されている。奴隷や幼い子ども（七歳未満の子ども）は追放の対象外となり、多くのモリスコの父母は、幼い我が子を残して追放の旅路につくことになった（図3）。先に述べたとおり、この当時スペインはオランダとの一二年間の休戦協定下にあったため、海軍の艦船をモリスコの輸送に割くことが可能であり、モリスコの追放は軍と官僚組織によって組織された国家事業として実行された。なお、図3の矢印はモリスコがスペインからどの地域を目指して出国したのかを示している。

モリスコの追放が、一四九二年に行われたユダヤ人追放と大きく異なる点は、後者ではキリスト教への改宗を拒否したユダヤ人のみが追放されたのに対して、前者は祖先にムスリムを持つ者すべてが対象となった、という点である。一五世紀末の段階では、人々を区別する指標が信仰であったのに対し、一七世紀初頭には近代的な人種概念とは異なるものの、ある種の「人種」的概念が徐々に信仰に代わって台頭してきたと言うことができるかもしれない。また、ユダヤ人たちは、オランダやイタリアなどの他のヨーロッパ諸国にも移動先を見出したが、モリスコは、地中海南岸のマグリブや中東、すなわちオスマン帝国をはじめとするイスラーム王朝が支配する地域に主に追放された。確かに一部はフランスやイタリアへ出国した者たちも存在したが、これはキリスト教国への出国の場合、モリスコたちは自分の子どもたちを連れて行くことが出来たからである[Domínguez Ortiz y Vincent 1989: 186-187]。ただし、ユダヤ人の場合と異なり、彼らがキリスト教国に定住することはなく、そこから更にチュニジアや中東へと移住した。

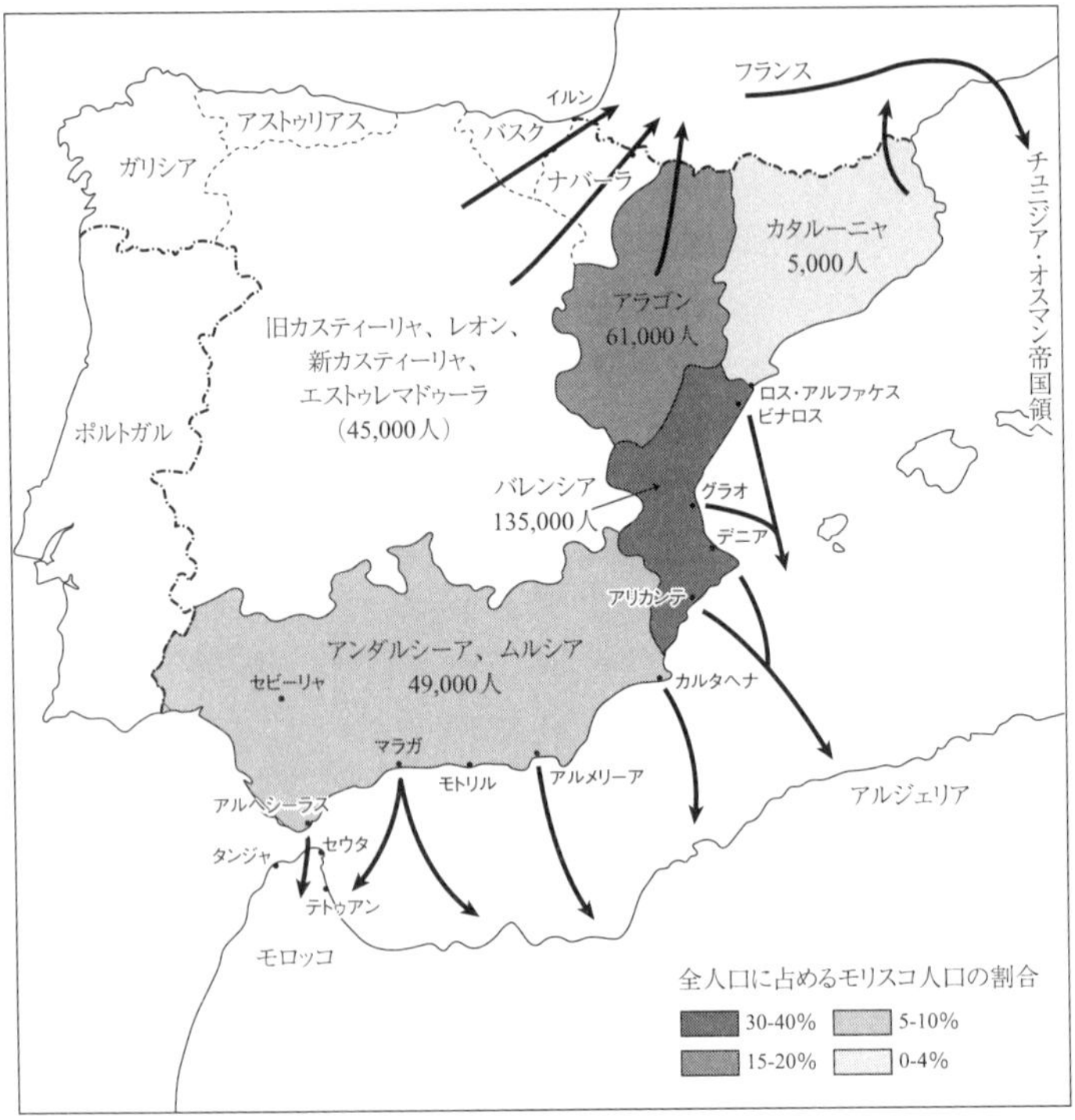

図 3　モリスコの追放（出典：P. Sanz Camañes, *Atlas Histórico de España en la Edad Moderna*, Madrid: Editorial Síntesis, 2012 より作成）

このディアスポラの旅路はとても厳しいもので、多くのモリスコが道中で命を落とし、また到着したマグリブ沿岸部でも現地住民から略奪や暴行などにあい、命や財産を失う者も多かった。追放されたモリスコの一人であるアブドゥ・ラフィーウは、著作『最良の被造物の父祖の中にある預言者の光』（*Al-Anwār al-Nabawīya fī Abā' Khayr al-Barīya*）のなかで、このモリスコの追放を不信仰者（キリスト教徒）からの解放であると肯定的に評しているが、これは彼の著作が自身のアンダルス・ムスリムとしての正統性を移住先であるチュニジアのムスリム社会に訴える目的で書かれたものであることを考慮に入れなければならない［佐藤二〇一六：二五二―二五三］。アンダルス・ムスリムの末裔ではあっても、スペインで生まれ育ったモリスコにとって、マグリブは文化も習慣も異なる異郷（あるいは異教）の地以外の何物でもなかったのである。

スペインから追放されたモリスコたちは、追放先で今度は現地のムスリム社会への参入に苦心することになった。マグリブには、約一世紀早くスペインから追放されたユダヤ人（セファルディ）や、キリスト教からイスラームへの改宗者である「背教者」など、モリスコと文化的特徴や居住地、生業と言った面で共通点を持つ集団が存在していた。次節ではモリスコが、いかに自らの過去の記憶と向き合いつつ、新しい環境に適応して行ったのかの過程をモロッコの事例を中心に追っていく。

三　追放者たちの歴史は続く

1　マグリブへの「移民」の波と強制改宗の記憶

現在、ジブラルタル海峡はスペインとモロッコ、つまりヨーロッパとアフリカという異なる地理区分の二つの国の間に存在することから、両国を隔てる自然的国境として認識される。しかし、ジブラルタル海峡の最狭部は約一四キロメートルと非常に狭く、北海道と本州をつなぐ津軽海峡の最狭部が約二〇キロメートルであることを考慮すれば、スペインとモロッコがいかに「近く」にあるのかがイメージできるだろう。

八世紀にイスラーム勢力がジブラルタル海峡を越えてイベリア半島を征服し、この地がアンダルスと呼ばれるようになって以降、ジブラルタル海峡の両岸は徐々にアラブ・イスラーム文化圏に徐々に編入され、中東地域からマグリブに至るまで、地中海南岸はイスラーム信仰をゆるやかな紐帯としたイスラーム諸王朝が支配する地域となった。八世紀半ばからアンダルスを支配した後ウマイヤ朝は一一世紀前半の滅亡に至るまで、その中心をイベリア半島南部の都市コルドバから移すことはなかったが、一一世紀後半から一三世紀前半にかけては、マグリブに興ったベルベル系王朝のムラービト朝とムワッヒド朝がアンダルスとマグリブを統一的に支配した。ムラービト・ムワッヒドの両王朝の軍事力を背景としてジブラルタル海峡の往来が安定したことによって、アンダルスとマグリブ両地域は社会経済的に統合され、人やモノの交流は大いに盛んになった。イスラーム諸学を修めた学識者たちや王朝に出仕した文官たちも、海峡を越えてアンダルスとマグリブ間を移動し、両地域の政治的連関性は大いに高まった。その後、一三世紀初頭からのムワッヒド朝の衰退とともに、アンダルスが地理的に縮小し南下していく時期には、多くのムスリムがキリスト教徒の支配を忌避して、半島最後のイスラーム王朝であるナスル朝グラナダや対岸のマグリブ地域へ移住した。以後、二世紀にわたり、ナスル朝に代表されるアンダルスとマグリブの間の結びつきは維持されていたが、最終的に同王朝が一四九二年にカトリック両王によって征服されたことで、キリスト教世界とイスラーム世界の境界線はジブラルタル海峡にまで南下することになる。

先に述べたとおり、アンダルス・ムスリムのマグリブへの移住は、アンダルスがキリスト教勢力に圧迫され、征服されたことで生じているが、彼らのマグリブへの移住には大きく三つの段階に分けられる。第一段階は、一三世紀のムワッヒド朝衰退期であり、第二段階は一五世紀末のナスル朝グラナダの滅亡前後の時期で、この時期のマグリブへの移住者によってモロッコ北部の都市テトゥアンが再建された。そして、第三段階は、グラナダで発生した第二次アルプハーラス反乱（一五六八—一五七二）の前後の時期で、多くのモリスコがモロッコをはじめとするマグリブへと移住した。ここに一七世紀初頭のモリスコの追放を含めないのは、スペイン王権による追放令の結果としての強制的な住民移動を「移住」と呼ぶことは難しいからである。なお、各時期の間にも、小規模で断続的な移動が発生していた点には注意が必要である。

第一・第二段階では、移民はイスラーム信仰やアラビア語を保持するムスリムであったのに対し、第三段階の移住者はキリスト教への強制改宗を経験したモリスコであったのは大きな相違点であった。第三段階、そして一七世紀初頭の追放令以後に移住したモリスコのなかには、信仰ばかりでなく言語をはじめとした文化についてもキリスト教社会と同化していた者も多かったため、現地ムスリム住民の目には、彼らはジブラルタルの「対岸（アラビア語ではウドゥワ）」からやって来た「よそ者」、更に言えば信仰の疑わしい人々として映ったことだろう。また、「対岸」からの移民のなかには、移住先の社会での社会的上昇を志向する野心家たちも含まれており、彼らの中には、一六世紀後半のサアド朝の王位継承争いへの関与や、アフマド・マンスール期に行われたソンガイ帝国征服において決定的な役割を果たした者も存在した［García-Arenal 2009: 97-110］。

第三段階の時期には、第二次アルプハーラス反乱を経験したモリスコたちが、テトゥアンやマラケシュなどに移住し、地中海や大西洋での海賊活動や、前述のアンダルス出身者で構成された火縄銃兵団に参加している。これはモリスコたちのとくに銃火器の扱いに関する軍事的経験が、サアド朝にとって有用であったためであろう。また、モロッコやチュニジアで活躍したモリスコの翻訳官・外交官として名高いアフマド・ブン・カーシム・アル＝ハジャリー（一六四一年以降没）のマグリブへの移住も、この第三段階と一七世紀の最終的な追放の間の時期に行われた。彼の著作『不信仰者の民に対峙するための信仰を助けるもの』（*Kitāb Nāṣir al-Dīn ʿalā ʾl-Qawm Al-Kāfirīn*）では、モリスコに対するマグリブをはじめとするイスラーム支配領域への厳しい渡航制限など、モリスコのスペイン出国の難しさが語られている。幸い、ハジャリーはスペイン語にも堪能であったので、自らを旧キリスト教徒であると偽ってスペインを出国し、スペインが支配する大西洋岸の港町マザガン（現在のジャディーダ）に上陸することが出来た。ただし彼の脱出行はそれでは終わらず、その後もサアド朝の支配する都市にたどり着くまでの道のりも苦難の連続であり、更には現地ムスリム住民からは、キリスト教徒と疑われ、イスラームの信仰告白（シャハーダ）をアラビア語で唱えるように要求された経験を、ハジャリーは自著で詳しく述べている［佐藤　二〇一四：三一―三六］。

ハジャリーも書き残した、マグリブのムスリムからのモリスコたちに対する疑いの眼差しは、彼らに自らをアンダルス人（アンダルシー）、すなわちアンダルス出身者として、自己定義する必要性を認識させたと考えられる。この自覚の強化は、モリスコがアンダルスへの新しい帰属意識や歴史観を創造あるいは内面化させていくことにつながり、自らのルーツとしてアンダルスが強く意識される一方で、キリスト教徒としての過去は否定され、「隠れムスリム」としての過去が強調されるようになっていく。

例えば、先に挙げたアブドゥ・ラフィーウの『預言者の光』では、一六世紀初頭の強制改宗については、改宗の強制が行われた事実は認めるものの、スペインに残留したムスリムのすべてがイスラーム信仰を維持した「隠れムスリム」であったという主旨の記述がなされている。また、一七世紀末に、スペインへ捕虜交換交渉に赴いたアンダルス・ムスリムの末裔であるアブドゥル・ワッハーブ・アル＝ガッサーニーは、スペインでの旅の経験を記述した著書『捕虜身請けのための大臣の旅』（*Riḥlat al-Wazīr fī Iftikāk al-Asīr*）のなかで、第二次アルプハーラス反乱やモリスコの追放についても言及している。そこでのモリスコ描写は独特で、第二次アルプハーラス反乱の後に、ある者たちはマグリブへ逃れ、スペインに残留した者はキリスト教徒に改宗したと書かれている。しかし実際には、キリスト教への強制改宗はグラナダでは一五〇二年に行われており、反乱時には法的にはすでにムスリムはスペインに存在しなかった。更に、一七世紀初頭の全体追放に関する記述では、当時追放の対象となったのは「キリスト教に自分の意思で改宗した者」以外のモリスコであると述べている。ガッサーニーの二つの記述から読み取れるのは、アンダルス（スペイン）を出て、マグリブ（正確にはモロッコ）へ移住した者は、皆ムスリムであるという主張である。ガッサーニーは、アブドゥ・ラフィーウのように、モリスコのすべてが改宗を拒絶した「隠れムスリム」であるというような誇張を述べることはなかったが、モロッコに移住したモリスコとその末裔が、由緒正しいアンダルス・ムスリムの末裔であることを示すために、キリスト教徒の支配するスペインに残留した者は改宗者だが、マグリブに移住したモリスコは皆ムスリムであるという論理を組み立てたのではないだろうか。

2　都市テトゥアンの再建とモリスコの入植

ここでは、モリスコの移住と現地社会への参入の一例として、モロッコ北部の都市テトゥアン（写真7）を例として見ていきたい。テトゥアンは、一五世紀末にグラナダ出身のアンダルス移民によって再建され、一六世紀に入ってからはモリスコの移住／逃亡先として認識されていたことが、アラビア語・スペイン語史料の両方で確認されている。

テトゥアンが位置する場所は、古代ローマ帝国時代から要塞や町が荒廃を繰り返してきた土地であり、ティッタウィン（ベルベル語のテトゥアン）という都市名は、最も古い記録に遡ると九世紀の史料に言及が見られる［Gozalbes Cravito 2012: 101-111］。都市としての現在のテトゥアンは、ナスル朝グラナダ王国の貴族であったアブー・ハサン・アリー・アル＝マンザリー（以下、マンザリー）と、彼とともにマグリブへ渡ったグラナダ・ムスリム移民の手によって再建された都市が基礎となっている。マンザリーは、もともとグラナダの東部山間部における軍司令で、同地域に領地をもつナスル朝貴族であった。しかし、カトリック両王によるグラナダ征服戦争（一四八二～一四九二）の進展にともない領地を追われ、兵士と住民を率いて「対岸」まで逃れてきた。そして、マンザリーはモロッコに到着後、北部の都市シェフシャウエンの支配者であるアリー・ブン・ラーシドにテトゥアンを自分たちの入植地とし、城壁を再建することについて許可を求め、アリー・ブン・ラーシドの娘を妻に迎え、この現地有力者との姻族関係を築いている。一方で、ワッタース朝のスルタンからもテトゥアン再建の許可や、それに係る資金や労働力の援助を受けた。

写真7　テトゥアン旧市街（筆者撮影）

一五世紀末のモロッコ北部には、ポルトガルとムスリム王朝の支配領域が隣接する状況が生まれていた。そのような状況の中で、ワッタース朝と地方有力者の間には、王朝への服従の見返りとして、前者が後者の領地の統治権と徴税権を認めるという支配関係が形成されていた。そして、マンザリーも、この仕組みに則って、ワッタース朝スルタンからテトゥアン周辺地域の徴税権を得ている。ここからは、マンザリーが当時のモロッコ北部の複雑な政治状況についての情報を正確に掴んでいたことがうかがえる［篠田　二〇一五年：七九―八〇］。

マンザリーによるテトゥアンの都市再建は、ヨーロッパの諸史料ではグラナダ陥落の一四九二年以降であると考えられてきたが、モロッコでは一四九二年以前であるという説が根強い。モロッコの歴史家ムハンマド・ダーウードの浩瀚《こうかん》な歴史書『テトゥアン史』や、彼の娘であり『テトゥアン史』の編者でもあるハスナ・ダーウードは、複数のアラビア語史料の記述を比較して、一四八三年ないし一四八四年（ヒジュラ暦八八八―八八九年）にテトゥアンの再建が始まったと推測している［Dāwūd 2008: 31-32; Latham 1965: 393-395］。

テトゥアンは、マンザリーとその一団による一五世紀末の再建後、ヨーロッパの史料にも度々登場するようになった。とくに、マンザリーと同じく、ナスル朝グラナダ王国出身で教皇レオ十世を代父としてキリスト教へ改宗したレオ・アフリカヌス（ムスリム名：アル＝ハサン・ブン・ムハンマド・ワッザーン・アル＝アンダルシー・ファーシー）の著書『アフリカ詳述』(*Della descrittione dell'Africa*)には、マグリブ移住後のマンザリーの活動について触れる記述が存在する。彼が、実際にテトゥアンを訪れたのは、マンザリーの孫の時代であったが、アフリカヌスの記述によれば、マンザリーがもっとも頼りにしていたのは、グラナダ以来彼に付き従ってきた三〇〇人の騎兵であり、彼らを率いて当時マグリブ沿岸の港を占領していたポルトガルに対するジハード（異教徒相手の戦争、聖戦とも訳される）を行っていた。とくにセウタやカスル・サギール、タンジャに攻撃を仕掛け、多数の捕虜を獲得していた。マンザリーは、ジハードによって得たこれらのキリスト教徒捕虜を、テトゥアンの砦を建設する労働力として使用しており、この捕虜たちが夜に眠っていた場所がマスモーラと呼ばれる地下倉庫であった。アフリカヌスは、彼がテトゥアンを訪れた際には、キリスト教徒捕虜の数は三〇〇〇人を超えていた、と記述している［Dāwūd 2008: 42］。

また、第二次アルプハーラス反乱の詳細な展開を描いた『グラナダ王国におけるモリスコの反乱と懲罰の歴史』(*Historia del*［sic］*rebelion y castigo de los moriscos del reyno de Granada*) の著者としても知られる歴史家ルイス・デル・マルモル・イ・カルバハルの『アフリカ総覧』(*Descripción general de África*) の記述も、基本的にはアフリカヌスと同じく、マンザリーがマグリブの現地住民や山岳民を糾合して、キリスト教徒を相手に戦争を行っていたことが述べられている。また、その攻撃はキリスト教徒が支配するモロッコ沿岸部のみならず、スペイン本国の地中海沿岸部にまで及び、都市の城壁をテトゥアン川（現在のマルティル川）まで延長したと記述している（写真8）。

写真8　マンザリー期に建設された城壁の一部（筆者撮影）

史料によって数字など詳細については相違が見られるものの、マンザリーが、グラナダ騎兵を引き連れてマグリブに移住し、ポルトガルやスペインに対してジハードを行うことで捕虜を獲得したことや、彼らをテトゥアンの再建や防備強化に用いていたという点では一致する。マンザリーは一五四〇年ごろに、テトゥアンのマカービル門近くに埋葬され、彼の霊廟は人々の参詣対象となった（写真9）。マンザリーの一族はその後も、彼の後を継いでジハードを継続していたことが、スペイン側の年代記からうかがえるほか、とくに捕虜解放のために同地を訪れた修道会などの記録が多く残されている。

マンザリーや彼の一族が行ったジハードは、テトゥアンの再建に用いる労働力を確保する目的に加えて、イスラーム勢力側に残された数少ない港を守る防衛戦争という側面も持ち合わせていた。一六世紀のモロッコ沿岸部は、ポルト

写真９　テトゥアンの再建者、マンザリーの霊廟（筆者撮影）

ガルやスペインによって、セウタやタンジャ、アシーラ、ジャディーダ、アサフィー、アズムールなど、多くの地中海および大西洋沿岸都市が征服されており、大西洋岸ではアラーイシュとサレが、地中海沿岸ではテトゥアンのみが、モロッコのイスラーム王朝の手に残された港であった。マンザリーとその一族をはじめとするアンダルス移民たちが行った戦争は、彼らの自衛のために行われたものであるとともに、大局的には同地域をポルトガル（のちにはスペイン）から防衛したという大きな意義を持つものであった。

　モロッコ北部におけるジハード戦士団の拠点であると同時に、ムスリム海賊の根拠地としての性格を持つテトゥアンは、「トルコ海賊」とヨーロッパ側史料で呼ばれるオスマン帝国の私掠船団が立ち寄る補給基地としても機能していた。前述のマルモルの『アフリカ総覧』にも、アルジェリア所属の海賊船が水や食料の補給のためにテトゥアンの港に寄港していることが記されている［Mármol 1573: vol. 2, libro 4, 131］。このオスマン帝国とのつながりは、西地中海での支配権を確立したいスペインにとって、テトゥアンが単なるムスリム海賊の根拠地以上の意味を持つ要地であったことを暗示している。事実、一五六四年にフェリーペ二世はムスリム海賊の動きを警戒して、セビーリャの駐留艦隊に命じて、テトゥアン川の河口封鎖を行った。この河口封鎖作戦は、テトゥアン住民からの頑強な抵抗にもかかわらず成功したと言われているが、封鎖は恒久的に実効性のあるものではなく、早くも一五七一年にはテトゥアンから出航した船団が、スペインの地中海沿岸を襲撃したことが記録に残っている［García-Arenal 1988: 465］。

　一六世紀半ばのテトゥアンに関する出来事で、史料中には短い記述でしか登場しないながらも重要な出来事は、一五六七年に発生したテトゥアンの内戦である。内戦の発端は、テトゥアンの指導者層（マンザリー一族）が二つのグループに分かれて、その支配権を巡って争ったことにあり、これが一方のグループが敵対派閥とその支持者たちを皆殺しにする事件にまで発展する。その結果、この内戦はサアド朝スルタンの介入を招くことになった。当時のサアド朝スルタン、アブドゥッラーはテトゥアンの内戦解決のため、かつてテトゥアンに居住し私掠船活動を行っていた経験のあるモリスコ出身の軍人・海賊であるサイード・ブン・ファラジュ・アッ＝ドガーリーとアンダルス人火縄銃兵団二〇〇〇人と騎兵一〇〇〇人を派遣した。内乱鎮圧後、アブドゥッラーはドガーリーにテトゥアンの統治を任せず、フェズへと帰還させた。これはアンダルス人火縄銃兵団が、スルタン直属の軍団で重要な戦力であったことに加えて、ドガーリーをテトゥアンの新しい支配者とした場合、彼のアンダルス（スペイン）出身という出自が都市の自立性の強化へつながることをアブドゥッラーは恐れたと推測される。とはいえ、ドガーリーとテトゥアンの関係は、この内戦鎮圧後も、前述の通りキリスト教諸国に対する私掠船活動を通じて維持された。

この内乱終結後の時期から、テトゥアンの支配者はマンザリー一族から、出自の不確かな人物たち、おそらくキリスト教からの改宗者である「背教者」たちが占めたのち、一六世紀末から一七世紀には、ムカッディムと呼ばれるジハード戦士の指導者も務めたナクシース家がその支配者の地位を占めていく。ナクシース家出身の有名なムカッディムは、アフマド・ブン・イーサーで、彼の統治期はサアド朝の最盛期を築いたスルタン、アフマド・マンスールの死後（一六〇三年）、同王朝がフェズとマラケシュの二つの地域に分裂し内戦状態にあった時期でもある。

テトゥアンは、フェズを拠点とするマームーンに従わなかったため、彼の軍隊による侵攻を受け、ナクシース家の当主もテトゥアンを追われた。テトゥアンに派遣されたマームーンの代官は、同地に逗留する「トルコ海賊」のムラト・ブルトキーシュを殺害し、マームーンの後援者であったセウタのスペイン人にその遺体を送り届けた。これは、殺害されたブルトキーシュが、その攻撃対象としていたのがジブラルタルやセウタであり、スペイン側からマームーンへ、この海賊の活動について解決が依頼されていたためと考えられている［Dāwūd 2008: 52］。

この「トルコ海賊」の殺害に関する記述で重要なのは、テトゥアンが一六世紀より引き続き、私掠船団の根拠地として、オスマン帝国支配下の海賊を受け入れていたという点である。モロッコのサアド朝とオスマン帝国の外交関係は、常に敵対的であったわけではないが、緊張関係にあったことは確かである。しかし、二国家間の外交関係の難しさにもかかわらず、テトゥアンはオスマン帝国側のムスリム海賊を受け入れており、彼らがスペインをはじめとする地中海北岸を襲撃することを手助けしていた様子がうかがえる。

海上ジハード、すなわち私掠船団の活動を抑制する命令をサアド朝スルタンは、スペインとの外交関係の改善が必要となる節目節目で布告している。モリスコにとっては、海上ジハードはかつての抑圧者に対する復讐という意味合いもあったが、サアド朝にとっての海上ジハードは、ときに活発化を促し、ときに抑制化を図ることで、対ヨーロッパ、とくに対スペインの外交カードとして活用するものであったと考えられる。また、サアド朝の王位継承権争いは、結果としてテトゥアンの独立性をも促進したと言えよう。少なくとも外交面では、ムカッディムの地位を世襲していたナクシース家が、フェズのサアド朝政権を名目上、自らの支配者として認めながらも、異教徒の国家（とくにイングランド）と独自に交渉を行うなど、高度の独立性を維持していたことが知られている。

3　モリスコと現地社会、王朝との緊張関係

テトゥアンと同様に、スペイン出身のモリスコが住民の大部分を構成し、半ば中央政府から独立した形で「共和国」ともいうべき都市共同体を営んでいた事例として、一七世紀のサレが挙げられる。サレは、モロッコ北西部に流れるブー・レグレーグ川の河口にある都市で、右岸にはサレ（旧サレ）が、左岸にはラバト（現在のモロッコ王国の首都）がそれぞれ位置し、ラバト側の高台には、同都市の政治行政の中心地であった城塞（カスバ）が今も残されている（写真10）。ブー・レグレーグ川の河口は、砂地で浅く大型船は侵入できない構造になっているため、大型船は入港でき

なかったが、海上攻撃からの防衛には適した港であった。

この都市は、一二世紀半ばからムワッヒド朝の軍港として機能しており、一二六〇年にはカスティーリャ王アルフォンソ一〇世に一時占領されたが、同市を奪還したマリーン朝によって城壁は修復され、以後も重要な港湾都市として機能していた。サレが大きく発展するきっかけとなったのは、一七世紀初頭にスペインを追放されたエストゥレマドゥーラ地方のオルナチョス出身のモリスコの到来であった。このオルナチョス出身者や他のモリスコ、そして「背教者」や少数の地元ムスリム住民が、この都市の住民としてモロッコの支配王朝から半ば独立した形の国家を一七世紀前半から半ばにかけて運営した。この「共和国」とも呼ばれる小国家は、一二〜一四人（のちに一六人）の構成員からなるディーワーン（評議会）によって統治され、代表者は大提督（Gran Almirante）の称号を持っていた。

写真 10　ラバトの城塞（カスバ）の門（筆者撮影）

さらに毎年二名の代官（alcalde）が選出され、ブー・レグレーグ川の両岸（サレとラバト）の統治をそれぞれ行ったが、権力の中心が置かれていたのはラバト側の城塞であった。自治組織の役職名がスペイン語由来であることからも分かる通り、モリスコが持ち込んだスペインの行政制度や文化の影響を受けた都市共同体でもあった［Epalza 1992: 177-181］。

サレの主要産業は、テトゥアンと同じく海賊行為（私掠行為）によって得た略奪品や捕虜などを取り扱う商業活動であり、イングランドやオランダ、フランスといったヨーロッパ諸国とも外交関係を樹立していた。モリスコたちが海賊行為を生業としたのは、自分たちを追放したスペインに対する復讐心からであったという点は否定できないが、サレの後背に広がる大西洋岸の平原は、ベルベル語話者の半定住遊牧民が治める地であり、移民という「よそ者」

であるモリスコにとっては内陸部に入植することはもとより困難であった。
更にサレと内陸の地元有力者との間の争いは、ときには宗教的な問題にまで発展している。サレを自身の支配下におさめたい地元有力者のなかには、フェズの法学者からファトワー（法的見解）を得て、サレのモリスコたちは神とその預言者（ムハンマド）に背き、キリスト教徒と同盟して、食料や武器などを彼らに供給していると非難する者も存在した。なお、サレのモリスコたちも、これに対抗してマラケシュの法学者にファトワーを求め、自身の正当性を主張して対抗している。サレのモリスコや「背教者」を非難する口実として、彼らのキリスト教との関係が用いられた事実は、一七世紀の追放を経験したモリスコが、マグリブにおいて「よそ者」と認識されていたばかりではなく、信仰の疑わしい集団であるとも認識されていたことを端的に表している。［Razūq 2014: 232-235］
テトゥアンやサレのように、初めから外来者が中心となって建設された都市はともかく、フェズやマラケシュなどの大都市には、グラナダ陥落以前に同地へ移住したアンダルス・ムスリムの先住共同体が存在した。これらの先住アンダルス・ムスリムにとって、キリスト教への強制改宗を経験したモリスコたちを「同胞」とみなすことは、決して簡単なことではなく、彼らと新参のモリスコとの間には緊張関係が発生することになった。
その具体例としては、先述のドガーリーによるアンダルス人火縄銃兵団の編成が挙げられる。ドガーリーは、第二次アルプハーラス反乱前の時期に、モロッコへと移住したグラナダ出身のモリスコである。彼と彼の兄弟は、移住後はテトゥアンに居を構え、同地の主要産業であったキリスト教諸国を対象とした海賊行為（私掠行為）に従事していたが、その後サアド朝スルタン、アブドゥッラーの命を受けて、同王朝のアンダルス人、一万四〇〇〇人を集めて、指揮官として火縄銃兵団を編成し、彼らをマラケシュ西部に集住させた。このアンダルス人火縄銃兵団の指揮官を、新参者のモリスコであるドガーリーが拝命したことを、とくにフェズの先住アンダルス人社会の上層階級（名家出身者や法学者など）が快く思っていなかった様子が史料から読み取れる。すなわち、彼らのような由緒正しいアンダルス・ムスリムにとって、新参で出自も明らかでないモリスコが、自分たちを指揮する立場に就任することは、彼らの心情を著しく害したと考えられる［García-Arenal 1988: 461-463］。

ドガーリーとアンダルス人火縄銃兵団は、アブドゥッラーの治世ではスルタンの私兵集団として十全に機能しており、前項でも触れたとおり、アブドゥッラーが一五六七年にテトゥアンの内戦に介入した際には、アンダルス人火縄銃兵を率いて、他の指揮官とともに同地の平定を行った。その後もドガーリーは、スペインの大西洋航路の重要な中継地点であったカナリア諸島に対する略奪遠征を実行するなど活発に軍事活動を行い、スペイン語史料にも「背教者」としてたびたび登場する。たとえば、第二次アルプハーラス反乱時期の史料からは、テトゥアンから彼が自身の代理として部下をモリスコ側の援軍として派遣したことが確認できる［Castillo 1852: 65-67］。

アブドゥッラーの死後、彼の息子ムタワッキルと、アブドゥッラーの弟であるアブドゥルマリクとアフマド（のちのスルタン、アフマド・マンスール）、すなわち甥と叔父たちの間でサアド朝の王位継承争いが勃発すると、ドガーリーはアブドゥルマリク陣営に身を投じて、その勝利に貢献した。アブドゥルマリクは、アブドゥッラーから引き継いだこのアンダルス人火縄銃兵団を存続させ重用したが、同時にその軍事力の大きさを警戒もしていたようである。

一五七八年に、サアド朝王位の奪還を目的として、前述のムタワッキルがポルトガル王セバスティアン一世とともに、ジブラルタル海峡を渡ってモロッコに侵攻し、アブドゥルマリクの軍隊と激突したワーディー・マハージンの戦い（前掲図2）には、ドガーリーは参戦しなかったと言われている。これは、ポルトガル軍の上陸地点がモロッコ側には不明であったため、サアド朝の軍が沿岸部の各地に派遣されており、ドガーリーと彼の兵団はモロッコ南部のスース地方に派遣されていたためである。

この戦いは、サアド朝の勝利に終わり、ムタワッキルとセバスティアン一世陣営は戦死者一万二〇〇〇人、捕虜一万四〇〇〇人の損害を出し、両者とも戦死した。しかし、勝者であるアブドゥルマリクもまた陣中で没したことで、彼の弟であるアフマドがサアド朝スルタンの地位を継承し、勝利者を意味する「マンスール」の称号を得た。スース地方から他のアラブ人部隊とともに引き上げてきたドガーリーは、フェズでアフマド・マンスールに忠誠の誓いを捧げたが、その後謀反の疑いによって、処刑された［García-Arenal 1988: 472-474］。ドガーリーのように、宮廷に出仕したモリスコたちは、翻訳官や軍人として重要な役割を果たしていたが、彼らがおのおの時代に権力者に重用された要因は、皮肉なことに彼らが、現地部族と血縁関係を持たない「よそ者」であったことと、スペイン由来の技術や言語に利用価値があるとされたからであった。それゆえ、一度権力者の勘気をこうむれば、ドガーリーのように優れた軍事指導者であっても処断されてしまう運命にあった。

アフマド・マンスールの統治の初期段階において、ドガーリーの謀反未遂の影響もあり、アブドゥッラー期に創設されたアンダルス人火縄銃兵団の影響力は弱められたが、彼はアンダルス兵団を自身の軍事力として重用し続けた。その代表例が、マンスールがアンダルス人たちを用いて行ったソンガイ帝国征服である。

ソンガイ帝国は、現在のマリやニジェールを中心とした地域に存在した黒人のムスリム王朝で、一四世紀のマリ帝国の王マンサー・ムーサーがメッカ巡礼の道中に大量の金を消費したというエピソードに象徴されるように、「黄金の国」としてイスラーム世界では認識されていた。ソンガイ帝国は、先行するマリ帝国と同様に、金や塩、黒人奴隷を主たる商品とするトランスサハラ貿易を支配し、一六世紀前半にはこの交易によって繁栄した。

実のところ、アフマド・マンスールは、ソンガイ帝国の征服に乗り出す以前から、トランスサハラ交易の中継地であるトゥワートなどのオアシス都市を自身の支配下に加え、トランスサハラ貿易の支配を目標としていた。当時のサアド朝の周辺は、地中海岸と大西洋岸の主要な港のほとんどがポルトガルとスペインによって支配され、アルジェリアはオスマン帝国の支配下にあるという状況であったため、アフマド・マンスールの征服欲を満足させる「フロンティア」はもはや南の黒人帝国以外にはなかったのである。

征服に先立ち、アフマド・マンスールは、スンナ派イスラームを奉じるソンガイ帝国を、同じスンナ派イスラーム王朝であるサアド朝が攻撃することの是非について、イスラーム法学者に諮った。軍事行動に関してイスラーム法学者による支持が必要とされたのは、王権にとって自らの行いの宗教的正当性を法学者に裏書きしてもらうことが重要であったことを暗示しており、同時に法学者がイスラーム法を根拠に政治への影響力を行使しえた可能性をも示唆している。しかし、アフアド・マンスールの事例では、法学者が与えることのできた影響には明確な限界が存在したことも露呈した。なぜなら、法学者からはスンナ派王朝であるソンガイ帝国を、同じくスンナ派王朝であるサアド朝が攻撃することは法的には許されないことを理由に、攻撃の中止が進言されたにもかかわらず、最終的にアフマド・マンスールはソンガイ帝国の征服によって得られる人的物的資源が、アンダルス再征服や東のオスマン帝国と対抗するために必要であることや、ソンガイ帝国の軍隊が銃火器を持たない旧式の軍隊であり、アンダルス人火縄銃兵団を抱えるサアド朝軍の勝利が確実であることなどを挙げて、法学者たちの反対を押し切ることができたからである［García-Arenal 2009: 102-103］。

この征服の実行者として白羽の矢が立ったのが、ジャウダル（ユーデル）・パシャとよばれる、スペイン出身のモリスコあるいは「背教者」であった。ジャウダル・パシャは、一五六〇年頃スペインのアルメリーアの小村に生まれたが、彼の家系がモリスコであったのかどうかは定かではない。一五七三年に彼は、前述のドガーリーがアルメリーアの沿岸地域を略奪した際に拉致され、サアド朝の王都マラケシュに運ばれて、そこでイスラームに改宗し宦官となった。宮廷で教育を受けたジャウダル・パシャは、ワーディー・マハージンの戦い後に、アフマド・マンスールの側近として軍人や徴税官として頭角を表した。そして、マラケシュ総督を務めた後、一五九〇年にソンガイ帝国に対する遠征軍司令官に任命された。ジャウダル・パシャが率いた遠征軍は、火縄銃歩兵が約二〇〇〇人、火縄銃を装備した騎兵（spahis）が約五〇〇人、アラブ部族の槍兵が約二〇〇〇人に加えて、工兵やラクダ飼いなどの補助人員が約一〇〇〇人からなる大規模なもので、これに食糧・水・武器・弾薬を運ぶ九〇〇〇頭のラクダと馬が加わっていた。火縄銃を扱う歩兵と騎兵はモリスコと「背教者」によって担われており、アフマド・マンスール期においても、銃火器の取り扱いがマグリブ在来のアラブ部族の兵士ではなく、もっぱら外来の兵士によって担われていたことは、銃器の軍事的重要性、そしてサアド朝王権と在地権力者との絶え間ない緊張を暗示している。

ジャウダル・パシャに率いられた遠征軍は、一五九〇年一〇月にマラケシュを出発し、一三〇日かけてサハラ砂漠を縦断した。そして、翌年九一年二月のトンディビの戦いでソンガイ軍に勝利した後、ニジェール側中流域の都市トンブクトゥと首都ガオを征服し、ジャウダル・パシャは、初代トンブクトゥ総督に就任した。このトンディビの戦いは、サハラ以南の地域で初めて火縄銃が集団運用された戦いであったが、ジャウダル・パシャの勝利の要因は銃火器のもつ優位性ばかりではなく、ソンガイ帝国側が抱えていた王位継承争いの混乱の影響が大きかった。

砂漠の踏破とソンガイ帝国の征服という事業を達成したジャウダル・パシャであったが、ソンガイ帝国の君主からの黄金の支払いの申し出と、塩交易の利権のサアド朝への譲渡を引き換えに軍隊の即時撤退を求める要求や、トンブクトゥには占領する価値がないという報告をアフマド・マンスールに上奏した結果、トンブクトゥ総督を罷免されることになった。[García-Arenal 2009: 104-105]

罷免されたジャウダル・パシャの跡を継いだのも、スペイン出身のマフムード・ブン・ザルクーンであった。ザルクーンは、グラナダ出身で第二次アルプハーラス反乱に参加した経験を持つモリスコで、同反乱の鎮圧後にマグリブへ移住し、マラケシュにてアフマド・マンスールに仕え、ワーディー・マハージンの戦いにも参加している。ザルクーンは、ジャウダル・パシャの跡を引き継いで、トンブクトゥとガオに入城したが、一五九二年にトンブクトゥで反サアド朝反乱が発生した際には、イスラーム知識人などの反乱指導者を虐殺し、反乱鎮圧後には、一三〇〇キログラムの金と一二〇〇人の奴隷をマラケシュへと移送し、アフマド・マンスールを満足させることに成功してい

る。［Al-Fishtālī 1972: 44-45; 関・踊　二〇一六：一七一―一七四］

その後アフマド・マンスールが一六〇三年に病死し、サアド朝が王位継承争いの内乱状態に陥った結果、サアド朝の旧ソンガイ帝国領域に対する支配権は失われた。すなわち、ソンガイ帝国はモロッコにとっての「新大陸」とはならなかったのである。しかし、遠征軍に従事したモリスコや「背教者」の子孫たちは、アラビア語で火縄銃兵**al-rumāh**を語源とするアルマという名称で呼ばれる在地有力者層を形成するようになり、支配者層として一九世紀まで残存することになる。［Llaguno Rojas 2008: 51］

スペイン史の文脈では、イスラーム・スペインとも呼ばれるアンダルスの歴史は、一七世紀初頭のモリスコ追放をもって終わりを迎えたと認識されるが、アンダルス・ムスリムの末裔であるモリスコたちの歴史は、追放後も途絶えることなく続いた。モリスコたちは、故郷を失いディアスポラを余儀なくされた人々ではあったが、「無力でみじめな」移民や難民という単純なイメージで論じることができるような存在ではない。彼らは、移住先の社会へ順応しつつも、自分たちの伝統を保ち、更には海賊行為を含む商業活動や、戦争行為などを通じて、新しい環境へしたたかに適応しようとした人々だったのである。

おわりに

モリスコは一六世紀初頭のキリスト教への改宗令から一六一四年の全体追放完了までの約一世紀の間、スペインに存在した宗教的少数派である。モリスコのキリスト教社会への同化の進展具合やイスラーム文化の残存状況は地域ごと、社会階層ごとに異なっていた。また、モリスコ内部でも宗教的立場によって新しい環境に対して多様なアプローチが試みられていた。親イスラーム的立場をとるモリスコたちは、イスラーム信仰をスペイン語で表現する、すなわちイスラーム信仰のスペイン語化を目指し、親キリスト教的立場のモリスコたちは、反対にイスラーム化されたキリスト教の創出を試みていたのであるが、それらが実を結ぶことはなく、一七世紀初頭に少数の例外を除いて多くのモリスコが地中海南岸のイスラーム支配領域へ追放されてしまった。

追放後のモリスコは今度は新しい苦難に直面する。すなわち、現地ムスリム社会への同化という問題である。ある者は、自分たちの過去の一部である新キリスト教徒としてのモリスコの過去を否定し、すべてのモリスコが「隠れムスリム」だったかのように記録し、ある者は一七世紀以降にスペインに残った者はキリスト教徒で、モロッコを含むマグリブに渡ったものはすべてムスリムであったという主張を通して、移住したモリスコたちの宗教的な正統性を担保しようとした。これは、マグリブという土地がアンダルス・ムスリムの末裔であるモリスコにとって見知らぬ異郷の地であったことを示唆している。

さらに、モリスコとユダヤ人、「背教者」というヨーロッパの文化や技術を共有する三者の関係が移住先での様相を複雑にしている。三者は、マグリブに移動したのちに、初期には彼らだけで集住し、元の社会で得意としていた職業分野、集約農業や灌漑農業、都市手工業や建築業、繊維業、商業活動などに引き続き従事していた。彼らがマグリブに存在しなかった農業や手工業分野の新技術の伝播者としての役割も果たしていたことは特筆に値するだろう。本書では触れられなかったが、チュニジアに移住したモリスコたちは、チュニジアの絹、刺繍、飾り紐、紋織など繊維産業の発展に大きく貢献し、なかでも同地の伝統的な赤いフェルトで作られたチェチア（シャーシーヤ）と呼ばれる縁なし帽は、モリスコによって独占的に製造、販売されていた。［Epalza 1992: 274-275］

モリスコと「背教者」の場合は、通常の職業に加えて、ヨーロッパでより発達していた軍事技術、とくに銃火器分野について、その技術者から兵士までの、すべての段階に従事していた。アラビア語史料中に登場するモリスコは、しばしば「背教者」と同じカテゴリーで論じられることもあった。また、モロッコのサアド朝では、外交官や翻訳官、軍人として宮廷に出仕したモリスコたちも多かったが、彼らが権力者に重用された要因は、ヨーロッパから持ち込んだ軍事技術や農業技術といった知識、スペイン語をはじめとする多言語運用能力ゆえであった。そして、同時に彼らが、現地有力者と血縁関係を持たない「よそ者」であったことも大きく影響していた。

アンダルス・ムスリムの末裔というアイデンティティは、現在に至るまでスペイン由来の家族名を変えずに、多くのモロッコ人が保持していることからも、その重要性が失われていないことがうかがえる。そして、それはアンダルスの栄光の歴史に自らを位置づけるという従来の目的以外に、現在ではヨーロッパ行きの「切符」としても注目されはじめている。その一例が、セファルディ子孫に対するスペイン国籍（市民権）付与申請の開始である。

このセファルディ子孫に対する国籍の付与手続きは、二〇一五年六月二五日付で制定された「スペイン出身のセファルディへのスペイン国籍の付与に関する法律」(Ley 12/2015, de 24 de junio, en materia de concesión de la nacionalidad española a los sefardíes originarios de España）を根拠として、同年一〇月から開始された。申請条件にはスペイン系の家族名を含め、セファルディ家系の出身であることを証明する書類のほか、DELE（外国語としてのスペイン語検定）やCCSE（スペイン国憲法及び社会文化的知識）といった各種の資格を取得する必要があるため、実のところ、国籍取得の条件は厳格である。セファルディの国籍申請に対応して、現在DELEの申し込み用紙には、「スペイン国籍を取得するためにDELE試験を受験しますか？」と問われる箇所に「はい、セファルディ（スペイン系ユダヤ人）として」と応えるチェックボックスが存在する（図4）。

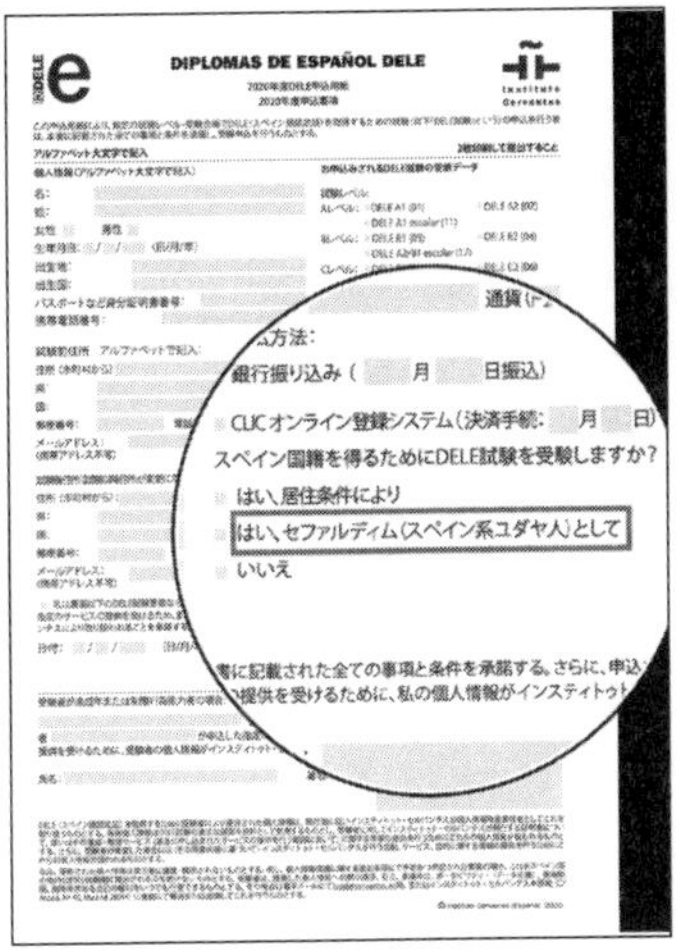
DIPLOMAS DE ESPAÑOL DELE
Instituto Cervantes
銀行振り込み（　　月　　日振込）
CLIC オンライン登録システム（決済手続：　　月　　日）
スペイン国籍を得るためにDELE試験を受験しますか？
はい、居住条件により
はい、セファルディム（スペイン系ユダヤ人）として
いいえ

図4　DELEの受験申込書に見られる「セファルディ」枠

この申請は二〇一九年一〇月一日で一旦締め切られ、その時点での申請者数は一三万人以上、多くはラテンアメリカか

らの申請であった。ただし、この締切の到来前の二〇一九年九月九日に、申請期間の是正が行われていたため、二〇二〇年一〇月一日まで締切は一度延長された。ところが、昨年（二〇二〇年）以来の新型コロナウィルスの感染拡大により、国籍取得申請に必要な各種資格（DELEやCCSE）の試験が中止され、申請条件の一つである公証人の前での宣誓も出来ない状況となり、二〇二〇年中の申請が実質的に不可能となったため、期限は再び二〇二一年一〇月一日まで延長された（二〇二一年八月現在）。

このような、セファルディの子孫であればスペインあるいはポルトガル国籍が申請可能という現在の措置について、モリスコの末裔たちは複雑な感情を抱いている。セファルディとモリスコ双方が故郷であるイベリア半島を追われたにもかかわらず、セファルディのみにヨーロッパ市民権を付与する、あるいはその機会を与えるのは何故なのか、と。国を越えて、宗教の境界を越えたモリスコたちは、歴史の彼方に過ぎ去ったのではなく、現在の政治的問題にもつながる存在なのである。

注

（1）ディアスポラは、もともとは古代パレスティナからのユダヤ人の追放と離散、そしてその離散共同体を示す用語であった。しかし、今日ではより広い文脈で、元は同じ場所に居住し一つの文化を形成していたが、後に様々な要因によって故郷を離れ他の地域へ移住した集団を指し示す際にも用いられる。例えばアルメニア人ディアスポラやバスク人ディアスポラなど。本書では、モリスコにもこのディアスポラ概念を適用した。

（2）アルハミーアという語は、アラビア語のアジャミーヤ、すなわち「非アラビア語（の）」を意味する言葉に由来している。アンダルスのムスリムがロマンス諸語をアルハミーアと呼称する確認可能な最初の例は、一四世紀の『アルフォンソ一一世叙事詩（一三四八年）』である。また一六世紀半ばの王令にも、「モリスコたちが呼ぶところのアルハミーアであるカスティーリャ語」という文言を見出すことができる。しかし、キリスト教徒たちの話す言語を示すために元来用いられていた「アルハミーア」という言葉は、一七七〇年の辞書では「スペインのモーロ人たちが話していた崩れたアラビア語」と時代の変遷とともに当初と意味が完全に逆転した。その後、一八八四年の『スペイン王立アカデミー　カスティーリャ語辞書』において、アラビア語の綴りが併記されて「ムスリムたちがカスティーリャ語に与えた名前。今日ではとくに、モリスコが我々の言語をアラビア文字を用いて書いたテクストに適用される」という、現在の学術用語としてのアルハミーアの定義と同じ意味が辞書に登場するに至る。

（3）　タキーヤとは、ムスリムが自分自身や家族の生命、財産、名誉、または信徒共同体の安全にかかわる重大な危機に直面した際に、自らの信仰を隠すことを正当化する理論であり、通常シーア派諸派の文脈で見られるものだが、スンナ派においても許容されうる行為である。アラビア半島でイスラームが迫害を受けていた創設期から存在する思想であり、後にイスラーム法学によって、伝統的宗教的アイデンティティ防衛の為の合法的手段として確立されたものである。

（4）　イエス（イーサー）はクルアーンに登場する諸預言者の一人としてムスリムから崇敬されている。イエスが処女マリアから誕生したことや、彼が起こした数々の奇跡についてはクルアーン中にも記述があるため、イスラームの教義上も認められている一方で、神の子であることや三位一体、磔刑での死とその後の復活などについては明確に否定されている。

（5）　スペインのアルハミーアの事例は、支配者とは異なる信仰を保ちつつ、支配者の言語を独自の文字体系を用いて表記するという点では、オスマン帝国のアルメニア教徒によるアルメニア・トルコ語（アルメニア文字表記トルコ語）やギリシア正教徒によるカラマン語（ギリシア文字表記トルコ語）使用の例が類似例として指摘できるが、両事例とも当局によって信仰それ自体が禁止されることはなかった。

（6）　サクロモンテの鉛板文書の作者の一人と目されているミゲル・デ・ルナは、『ドン・ロドリーゴ王の真実の歴史』の作者としても知られている。ルナによれば、これはアラビア語で書かれた年代記をスペイン語（カスティーリャ語）に翻訳したものだということだったが、これもまたルナが作成した偽書であった。作中では、最後の西ゴート王であるロドリーゴと、彼に従う西ゴート人たちは腐敗し邪悪な存在として描き、その圧政に苦しむヒスパニアの住民に助けを求められ来訪したアラブ人を解放者ないし救世主的存在として称揚するもので、この偽書の目的もまたスペインの歴史にアラブ人たちを位置づけ直すことにあることは明らかである。

参考文献

〈未刊行史料〉

モロッコ国立図書館（Bibliothèque nationale du Royaume du Maroc）

K1238　*Al-Anwār al-Nabawīya fī Abā' Khayr al-Barīya*（アブドゥ・ラフィーウ『最良の被造物の父祖の中にある預言者の光』）

スペイン歴史学院図書館（Biblioteca de la Real Academia de la Historia de Madrid）

T-13（11-09410）*El fetwa del mufti de Orán*（アルハミーア表記のマグラーウィーのファトワー）

トーマス・ナバーロ・トーマス図書館（Biblioteca Tomás Navarro Tomás（CCHS-CSIC）

Junta 1　（M-CCHS. RES RESC/1）*Breviario çunní*（アルハミーア表記『スンナ概要』）

ウプサラ大学図書館（Uppsala universitetsbibliotek）

O Sp. 3　アルハミーア表記『礼拝手引書』（写真４）

O Sp. 40　ラテン文字表記スペイン語『礼拝手引書』（写真５）

〈刊行史料〉

Al-Fishtālī, ‘Abd al-‘Azīz

1972　*Manāhil al-Ṣafā’ fī Māthir Mawālīnā al-Shurafā’*. ed. ‘Abd al-Karīm Karīm. Rabaṭ: Maṭbū’āt Wizārat al-Awqāf wa al-Shu’ūn al-Islāmīya wa al-Thaqāfīya.

Binḥāddah, ‘Abd al-Raḥīm

2005　*Safīr Maghribī fī Madrīd fī Niḥāyat al-Qarn al-Sābi‘ ‘Ashr: Riḥlat al-Wazīr fī Iftikāk al-Asīr*. Tokyo: Institute for the Study of Languages and Cultures of Asia and Africa.

Castillo, Alonso del

1852　Sumario é recopilacion de todo lo romaçado por mí el licenciado Alonso de Castillo…, In *Memorial histórico español de la Real Academia de la historia, colección de documentos, opúsculos y antigüedades*, ed. Pascual de Gayangos y Arce, t. III, Madrid: Imprenta de la Real Academia de la Historia, pp. 1-164.

Gayangos y Arce, Pascual de

1853　Suma de los principales mandamientos y devedamientos de la ley y sunna, por don Içe de Gebir, Alfaquí mayor y muftí de la aljama de Segovia. Año de 1462. In *Memorial histórico español de la Real Academia de la historia, colección de documentos, opúsculos y antigüedades*, t. V, Madrid: Imprenta de la Real Academia de la Historia,, pp. 247-449.

Ibn ‘Abd al-Rafī

1967　*Al-Anwār al-Nabawīya fi Ābā’ Khayr al-Barīya*, In ‘Abd al-Majīd al-Turkī, Wathā’iq ‘an al-Hijra al-Andalusīya al-Akhīra ilā Tūnis, Ḥawliyāt al-Jāmi‘at al-Tūnisīya, vol. 4, pp. 25-63.

Ibn al-Ḥajarī, Aḥmad ibn Qāsim.

2015　*Kitāb Nāṣir al-Dīn ‘alā ’l-Qawm Al-Kāfirīn*（*The Supporter of Religion against the Infidels*）, ed. P. S. van Koningsveld, Qāsim Sāmarrā’ī, and Gerard Albert Wiegers. Madrid: CSIC（Consejo Superior de Investigaciones Científicas）.

Mármol Carvajal, Luis del
1573-1599 *Descripcion general de Affrica*[sic]*, con todos los successos de guerras que a auido entre los infieles, y el pueblo christiano, y entre ellos mesmos desde que mahoma inuẽto su secta...*, Granada: Rene Rabut, 3 vols.

〈参考文献〉

愛場百合子
二〇〇四—二〇〇五 『モリスコ史資料研究文献目録——アルハミアを中心に I・II』東京外国語大学大学院。

押尾高志
二〇一六 「モリスコの『礼拝手引書』——アラビア文字とラテン文字の狭間で」『スペイン史研究』三〇号、一—一七頁。
二〇一九 「16・17世紀西地中海地域におけるモリスコの言語・信仰・帰属意識」、博士論文（千葉大学）
二〇二一 「近世グラナダにおけるモリスコと絹」神崎忠昭・長谷部史彦編著『地中海圏都市の活力と変貌』慶應義塾大学文学部、一一一—一二四頁。

佐藤健太郎
二〇〇六 「キリスト教徒征服後のグラナダと「隠れムスリム」の翻訳者（特集 アラブの都市と知識人）」『アジア遊学』八六号、七九—九一頁。
二〇〇八 「アラビア語とスペイン語のはざまで——モリスコたちの言語と文化」佐藤次高・岡田恵美子編『イスラーム世界のことばと文化』早稲田大学国際言語文化研究所、一二一—一四三頁。
二〇一二 「モリスコの伝える知——アルモナシド・デ・ラ・シエラ写本を通して」山本正身編『アジアにおける「知の伝達」の伝統と系譜』慶応義塾大学言語文化研究所、三三一—三五五頁。
二〇一四 「17世紀モリスコの旅行記——ハジャリーのイスラーム再確認の旅」長谷部史彦編『地中海世界の旅人——移動と記述の中近世史』慶應義塾大学言語文化研究所、一五—五四頁。
二〇一六 「17世紀チュニジアのモリスコ」神崎忠昭編『断絶と新生——中近世ヨーロッパとイスラームの信仰・思想・統治』慶應義塾大学言語文化研究所、二三三—二六〇頁。

篠田知暁
二〇一五 「ワッタース朝王権とマグリブ・アクサー北部境域——地域的な権力の形成と中央権力との関係について」『日本中東学会年報』三一巻一号、六三—九三頁。

関　哲行
　二〇一四　「近世スペインにおけるモリスコ問題——同化と異化の狭間に」甚野尚志・踊共二編『中近世ヨーロッパの宗教と政治——キリスト教世界の統一性と多元性』ミネルヴァ書房、三四五—三六九頁。
　二〇一六　「第二次アルプハーラス反乱再考——レコンキスタ運動はいつ終焉したのか」神崎忠昭編『断絶と新生——中近世ヨーロッパとイスラームの信仰・思想・統治』慶應義塾大学言語文化研究所、二〇九—二三一頁。
関　哲行・踊　共二
　二〇一六　『忘れられたマイノリティ——迫害と共生のヨーロッパ史』山川出版社。
伏見岳志
　二〇一七　「一七世紀メキシコのポルトガル系貿易商の経済活動と人的紐帯」川分圭子・玉木俊明編『商業と異文化の接触——中世後期から近代におけるヨーロッパ国際商業の生成と展開』吉田書店、二九九—三三三頁。
宮崎和夫
　一九九六　「イスラーム・スペインの終わらない終末——モリスコの予言とスペイン・キリスト教社会」蓮實重彦・山内昌之編『地中海終末論の誘惑』東京大学出版会、一三三—一五一頁。

Bernabé Pons, Luis F.
　1998　*El texto morisco del Evangelio de San Bernabé*, Granada: Universidad de Granada.
Cardaillac, Louis
　2004　*Moriscos y cristianos: Un enfrentamiento polémico*（*1492-1640*）. trans. Mercedes García-Arenal, Madrid; México; Buenos Aires: Fondo de Cultura Económica.
Carrasco Manchado, Ana Isabel
　2012　*De la convivencia a la exclusión: Imágenes legislativas de mudéjares y moriscos. Siglos XIII-XVII*. Madrid: Sílex Ediciones.
Dāwūd, Muḥammad
　2008　*Tārīkh Tiṭwān*, ed. Ḥasnā' Dāwd, Córdoba: Almuzara.
Domínguez Ortiz, A. y Vincent, Bernard
　1989　*Historia de los moriscos: Vida y tragedia de una minoría*. Madrid: Gredos（1st ed. 1979）.
Dursteler, Eric R.

2011 *Renegade Women: Gender, Identity, and Boundaries in the Early Modern Mediterranean*. Baltimore: Johns Hopkins University Press.

El Alaoui, Youssef

2011 El jesuita Ignacio de las Casas y la defensa de la lengua árabe: Memorial al padre Cristóbal de los Cobos, provincial de Castilla (1607), *Areas: Revista internacional de ciencias sociales* 30: 11–28.

Epalza, Míkel de

1992 *Los moriscos antes y después de la expulsión*. Madrid: MAPFRE.

García-Arenal, Mercedes

1996 *Los moriscos*. Granada: Universidad de Granada.

1998 Vidas ejemplares: Sa'īd ibn Faraŷ al-Dugālī, un granadino en Marruecos (m. 987/1579), In *Actas del Congreso Relaciones de la Península Ibérica con el Magreb* (*siglos XIII- XVI*), eds. María. J. Viguera y M. García-Arenal, Madrid: CSIC, pp. 453-485.

2003 *La diáspora de los andalusíes*, Barcelona: Icaria Editorial.

2009 *Ahmad al-Mansur: The Beginnings of Modern Morocco*, New York : OneWorld.

2010 Conversion to Islam: from the 'Age of Conversions' to the Millet System. In *The New Cambridge History of Islam*, ed. Maribel Fierro, Cambridge: Cambridge University Press, vol. 2, pp. 586–606.

2018 The Converted Muslims of Spain. Morisco Cultural Resistance and Engagement with Islamic Knowledge (1502-1610). In *Routledge Handbook of Islam West*, ed. Roberto Tottoli, Abingdon: Routledge, pp. 38-54.

García-Arenal, Mercedes, and Gerard Albert Wiegers

2003 *A Man of Three Worlds: Samuel Pallache, a Moroccan Jew in Catholic and Protestant Europe*. Baltimore: Johns Hopkins University Press.

García-Arenal, Mercedes y Fernando, Rodríguez Mediano

2010 *Un oriente español: Los moriscos y el Sacromonte en tiempos de Contrarreforma*. Madrid: Marcial Pons.

Gozalbes Busto, Guillermo

1992 *Moriscos en Marruecos*. Granada: Impr. T.G. ARTE, Juberias y Cia.

1993 *Al-Mandari, el granadino, fundador de Tetuán*. Granada: Impr. T.G. ARTE, Juberias y Cia (1st ed. 1988).

Gozalbes Cravioto, Enrique

2012 *Tetuán: Arqueología, Historia y Patrimonio*. Tetuán: Asociación Tetuán-Asmir.

Harvey, L. P.

2006 *Muslims in Spain, 1500-1614*. Chicago: The University of Chicago Press.

Latham, J. D.

1965 The Reconstruction and Expansion of Tetuan: The Period of Andalusian Immigration. In *Arabic and Islamic Studies in Honor of Hamiltor A. R. Gibb*, ed. George Makdisi, Leiden: Brill, pp. 387-408.

López Morillas, Consuelo

1995 Language and Identity in Late Spanish Islam, *Hispanic Review* 63 (2): 193-210.

Llaguno Rojas, Antonio

2008 *Tombuctú: El reino de los renegados andaluces*. Cordoba: Almuzara.

Mateos Paramio, Alfredo, y Juan Carlos Villaverde Amieva (eds.)

2010 *Memoria de los moriscos: escritos y relatos de una diaspora cultural*. Madrid: Sociedad Estatal de Conmemoraciones Culturales.

Meyerson, Mark D.

1991 *The Muslims of Valencia in the Age of Fernando and Isabel: Between Coexistence and Crusade*. Berkely: University of California Press.

Razūq, Muḥammad

2014 *Al-Andalusiyyūn wa hijrātuhum ilā al-Maghrib khilāl al-qarnayn 16-17*, Al-Dār al-Bayḍā': Afīqiyā al-Sharq (1st ed. 1989).

Rodriguez, Dario Cabanelas

1991 *El morisco granadino Alonso del Castillo*. Granada: Patronato de la Alhambra y Gneralife.

Rosa-Rodriguez, Maria del Mar

2010 Simulation and Dissimulation: Religious Hybridity in a Morisco Fatwa, *Medieval Encounters* 16 (1): 143–180.

Rubiera Mata, María Jesús

2004 Los moriscos como criptomusulmanes y la taqiyya. In *Mudéjares y moriscos, cambios sociales y culturales: actas IX simposio internacional de mudejarismo, Teruel, 12-14 de septiembre de 2002*, Teruel: Centro de Estudios Mudéjares, pp. 537–547.

Stewart, Devin

2006 The Identity of "the Muftī of Oran", Abū l-'Abbās Aḥmad b. Abī Jum'ah al-Maghrāwī al-Wahrānī (d. 917/1511), *Al-Qanṭara: Revista de Estudios Árabes* 27 (2): 265–301.

Wiegers, Gerard A.

1994 *Islamic Literature in Spanish and Aljamiado: Yça of Segovia (fl. 1450), His Antecedents and Successors*. Leiden: Brill.

1568	オランダ独立戦争の開始（～1648）。グラナダにて、モリスコによる第二次アルプハーラス反乱勃発（～1571）。	イタリア出身の「背教者」であるウルチュ・アリー、オスマン帝国領アルジェリア州総督に就任。翌69年、チュニスを征服。
1571	レパントの海戦	1570年11月から、グラナダ・モリスコのカスティーリャ内陸部への強制移住（約8万人）
1574	チュニスのハフス朝滅亡。モロッコを除くマグリブ全域がオスマン帝国支配下に編入	オスマン帝国支配下のチュニスは、スペインから移住した／追放されたモリスコの主たる受入先の一つに。
1578	ワーディー・マハージン（アルカサル・キビール）の戦い	同左戦いでの敗北がポルトガル王朝（アヴィス朝）断絶の原因となり、スペインとポルトガルの同君連合成立（1580）
1588	スペイン無敵艦隊、イギリス海軍に敗北（アルマダ海戦）	グラナダの大聖堂付属の塔の跡から、初期キリスト教に関わる聖遺物が発見され、1595年にはバル・パライソ（現サクロモンテ）の丘で鉛板文書が発見される。
1591	サアド朝スルタン、アフマド・マンスール、ソンガイ帝国を滅ぼし、トンブクトゥとジェンネを支配	ソンガイ帝国征服に従事したのは、「背教者」やモリスコ（アンダルス出身者）からなる軍団
1598	フェリーペ二世没。フェリーペ三世即位	モリスコ知識人のハジャリー、スペインからモロッコへ脱出（1599ごろ）
1603	アフマド・マンスール没。サアド朝は王位継承争いから内戦へ突入	旧ソンガイ帝国領で「背教者」やモリスコの子孫たちは在地有力者層アルマを形成
1609-1614	オランダとの12年間の休戦協定（～1621）。モリスコの国外追放開始（～1614）	約30万人のモリスコが、マグリブやオスマン帝国支配領域の中東へ追放

略年表

西暦	西地中海地域での主な出来事	本書の内容に特に関係する事柄
1415	ポルトガルによるセウタ征服	
1469	カスティーリャ王女イサベルとアラゴン王子フェルナンド（のちのカトリック両王）の婚姻	
1472	モロッコでワッタース朝成立（～1554）	タンジャ（1471）、アラーイシュ（1473）、アザンムール（1486）など、モロッコ沿岸諸都市をポルトガルが占領。
1480	セビーリャに、コンベルソ（改宗ユダヤ教徒）を主な対象とした異端審問所開設	16世紀半ば以降はモリスコも対象に
1482	カスティーリャとアラゴンによるグラナダ征服戦争の開始（～1492）	ナスル朝貴族のマンザリーとその一団が、マグリブへ渡りテトゥアンを再建（1482以降）
1492	ナスル朝グラナダ滅亡。ユダヤ教徒の国外追放令公布。コロンブスのアメリカ大陸到達	ナスル朝の降伏協定では、キリスト教支配下でも、ムスリムにイスラーム信仰の保持が認められていた
1496	ポルトガル、ユダヤ教徒およびムスリムへの追放令公布	1492年にスペインから逃れてきたユダヤ教徒もコンベルソに
1500	グラナダにて、ムデハル反乱勃発（第一次アルプハーラス反乱）	グラナダにてシスネロスによるアラビア語書籍の焚書
1502	カスティーリャのムデハルに対するキリスト教への改宗令	『オランのムフティーによるファトワー』の発行（1504）
1512	ナバーラ王国、カスティーリャに併合	併合に伴い、ナバーラ王国在住のムデハルにも強制改宗令が適用
1516	フェルナンド没。カルロス一世即位（ハプスブルク朝スペインの開始）	
1519	カルロス一世、神聖ローマ帝国皇帝に選出（カール五世）。バレンシアで、ジャルマニーアス反乱勃発（～1522）	反乱側によってムデハル農民に対する強制改宗が行われる。カルロス一世は反乱鎮圧後、この強制改宗を追認
1526	アラゴン、バレンシアのムデハルに対するキリスト教への改宗令	カルロス1世、グラナダ訪問。アラビア風衣装、音楽、名前、言語の使用などを禁止するが、実施はモリスコ側からの献金によって40年延期。
1528		バレンシアのモリスコもカルロス一世に献金を行い、上記禁止令の実施を同じく40年延期。
1534	イグナシオ・デ・ロヨーラ（イグナティウス・ロヨラ）、イエズス会を創立	ハイルッディーン率いるオスマン帝国海軍、チュニス征服。1535年にはカルロス一世がチュニスを攻撃し、オスマン帝国勢力を駆逐。その後、チュニスを巡ってスペインとオスマン帝国の攻防継続（～1574）
1556	カルロス一世退位、フェリーペ二世即位	
1566	フェリーペ二世によるモリスコ文化禁止令公布	フランシスコ・ヌニェス・ムレイによる高等法院への『覚書』提出

あとがき

「あなたはアラビア語が読めるのか？」 2018年、資料収集のために滞在したマドリードから日本に帰る飛行機の中でアラビア語が書かれたノートを広げていると、隣の席の男性が少し訝しげに英語で尋ねてきた。アラビア語＋飛行機＝ムスリムのテロという、またいつもの偏見かと少し面倒な気持ちになったが、ひとまず笑顔で「昔モロッコに住んでたので読めますし、話せますよ」と答えた。すると、その男性は驚いたあと、少し嬉しそうな顔で「実は私、モロッコ系ユダヤ人なんです」と話しはじめた。聞けば、彼の祖先はセファルディ（スペインとポルトガルのミックス）でモロッコのフェズに住んでいたが、その後イスラエルへ移住し、彼自身は長野県に住んでいるのだという。今でも彼は墓参りにモロッコへ行くことがあるそうで、モロッコ四方山話でフライト時間は瞬く間に過ぎていった。そのときの会話で出てきたのが、「おわりに」で言及したスペイン国籍取得の話であった。彼が言うには、スペインよりもポルトガルの方が取得条件が簡単だそうで、申請を考えているということであった。

デジタル技術とインターネットの進化、そして何よりも2020年から本格化してしまったCovid-19のパンデミックによって史資料のデジタル化が加速し、今ではネットを通じて在宅で多くの資料を閲覧することが可能となった。果たしてこのような時代に、お金と時間を費やして留学をする必要があるのか、という問いに対して、私はあると即答するだろう。この飛行機でのセファルディ子孫との邂逅は、私がテトゥアンに留学に行っていなければ起こり得なかった偶然であろうし、モロッコ留学中に知り合い、お世話になり、今も交流が続いている人々の存在がなければ、私は今ここにいないからである。

現地調査中は本当に多くの人にお世話になった。テトゥアンの暮らしに慣れるまでの最初の3ヶ月、私のホスト家族をしてくれたバルナーウィー一家。留学前には推薦状を書き、留学してからは私の滞在許可証取得のために警察まで乗り込んでくださったムハンマド・ベナブード先生。何度もご自宅に招いて他の研究者との間をつないでくださったジャアファル・ベン・スラミー先生には特にお礼を申しあげる。

帰国後、いつまで経っても博論を書かない私を叱咤激励してくださった指導教員の秋葉淳先生にも心から感謝の気持ちを申し上げたい。また留学のための奨学金だけでなく、このような貴重な執筆と出版の機会を与えてくださった松下幸之助記念志財団と風響社の石井雅社長に厚く御礼を申しあげる。最後に、昔から「他人と違うことをしろ」と私の背中を押し続けてくれた両親と、私の留学中に飛行機恐怖症にもかかわらずスペインまで私に会いに来てくれた妻の悠に心から感謝したい。

著者紹介

押尾高志（おしお　たかし）

1986年生まれ。千葉県出身。千葉大学大学院人文社会科学研究科博士後期課程修了。博士（文学）。西南学院大学国際文化学部講師。主な業績に Los moriscos y su concepto del mundo（*Actas del II Congreso Ibero-Asiático de Hispanistas*（*Kioto, 2013*）, 2014）、「モリスコの『礼拝手引書』」（『スペイン史研究』30、2016年）、「近世グラナダにおけるモリスコと絹」（『地中海圏都市の活力と変貌』慶應義塾大学文学部、2021年）」などがある。

「越境」する改宗者　モリスコの軌跡を追って

2021年10月15日　印刷
2021年10月25日　発行

著　者　押　尾　高　志

発行者　石　井　　雅

発行所　株式会社　風響社

東京都北区田端 4-14-9（〒 114-0014）
Tel 03（3828）9249　振替 00110-0-553554
印刷　モリモト印刷

ISBN978-4-89489-299-6　C0022